Copyright © 2024 Adam K. Tous les droits sont réservés.

Aucune partie de cette publication ne peut être reproduite, distribuée ou transmise sous quelque forme ou par quelque moyen que ce soit, y compris la photocopie, l'enregistrement ou d'autres méthodes électroniques ou mécaniques, sans l'autorisation écrite préalable de l'éditeur. Toute référence à des événements historiques, à des personnes réelles ou à des lieux réels peut être réelle ou utilisée fictivement pour respecter l'anonymat. Les noms, les personnages et les lieux peuvent être le produit de l'imagination de l'auteur. Tous droits de traduction et d'adaptation sont interdits pour tous les pays. L'auteur ou l'éditeur est seul propriétaire des droits et responsable du contenu de ce livre.

# RENTIER SANS CRÉDIT
Investir dans les caves, parkings, boxes et locaux

Adam K.

*« N'attendez pas la perfection au risque de ne jamais passer à l'action. »*

Adam K.

*Dédicace à mon ami Mickey avec qui je m'entraînais. On a déménagé dans la même région sans le vouloir puis, il m'a conseillé et épaulé à mes débuts.*

Adam K.

*Je vous remercie par avance, à vous, tous les lecteurs de mon livre. J'ai mis mon cœur, mon expérience et mes connaissances à l'intérieur et j'espère qu'il vous sera profitable pour vos projets personnels et professionnels.*

Adam K.

# SOMMAIRE

INTRODUCTION .................................................................................. 9

MON HISTOIRE ................................................................................ 12

PUISSANCE ET POLYVALENCE DE L'IMMOBILIER ...................... 16

POURQUOI JE DÉCONSEILLE L'IMMOBILIER D'HABITATION .... 18

AUGMENTER SON ÉPARGNE ......................................................... 27

CHOISIR LE STATUT ET LE RÉGIME FISCAL ADAPTÉ ................ 31

LES DIFFÉRENTS TYPES DE BIENS IMMOBILIERS ..................... 40

LES PARKINGS ................................................................................ 41

LES GARAGES ET BOXES ............................................................... 46

LES CAVES ....................................................................................... 50

LES ENTREPÔTS ET HANGARS ..................................................... 52

LOCAUX D'ACTIVITÉS ET COMMERCIAUX .................................. 54

LES BIENS À PRIVILÉGIER ET COMMENT FAIRE UNE BELLE AFFAIRE .......................................................................................... 57

COMMENT TROUVER UNE BONNE AFFAIRE ? ........................... 63

PENSER AUX DIFFÉRENTES POSSIBILITÉS D'OPTIMISATION ..... 69

LA NÉGOCIATION .................................................................. 73

DÉROULEMENT DE L'ACQUISITION ................................ 77

TROUVER UN BON LOCATAIRE ......................................... 79

SÉCURISER SA LOCATION ................................................... 82

LES BAUX ET QUITTANCES ................................................. 84

COMMENT SE FAIRE PAYER SON LOYER ? ..................... 87

FIDÉLISER SES LOCATAIRES ET RÉDUIRE SES VACANCES LOCATIVES ............................................................................... 88

PRODUITS ET SERVICES COMPLÉMENTAIRES ............. 91

GÉRER LES IMPAYÉS ET IMPRÉVUS .................................. 93

L'ARBITRAGE COMME CATALYSEUR .............................. 95

L'IMPORTANCE DE LA DIVERSIFICATION ..................... 97

CONSEILS À NE PAS NÉGLIGER ....................................... 100

CONCLUSION ........................................................................ 102

REMERCIEMENTS ................................................................ 103

# INTRODUCTION

Avant toute chose, je tiens sincèrement à vous remercier pour la lecture de cet ouvrage à travers lequel je mets à votre disposition mon expérience, mes connaissances et mes compétences. C'est un guide pour les débutants mais également un coup de boost pour les avancés ! Garder une motivation constante lors de notre démarche d'investissement est primordiale. Lorsque j'ai commencé à investir, j'aurais aimé avoir un livre m'expliquant des subtilités que je n'ai comprises que bien après.

L'objectif de ce livre est de vous donner toutes les clés afin que vous puissiez voler de vos propres ailes et vous lancer dans cette aventure passionnante. À la fin de la lecture de ce livre, vous serez en mesure de :

- Définir et trouver une bonne affaire.
- Investir sans crédit bancaire.
- Connaître les différents types de biens rentables.
- Choisir le bon statut et régime fiscal.
- Sécuriser et optimiser vos locations.

Vous pourrez revenir dessus autant de fois que nécessaire. Cependant, ne croyez pas non plus que c'est un long fleuve tranquille et que vous allez atteindre l'indépendance financière sans faire le moindre effort et que tout va rouler comme sur des roulettes. À notre époque, nombreuses et nombreux sont ceux qui s'exposent sur les réseaux sociaux en montrant une vie de rêve d'expatrié, avec des voitures de luxe, des paysages paradisiaques et toute la panoplie que vous connaissez certainement.

Le problème ? C'est que tout est mélangé sur internet entre le faux et le vrai et, à moins de connaître personnellement la personne ou son entourage, vous n'avez aucun moyen de vous assurer de la véracité des propos de ces influenceurs, Youtubeurs, formateurs ou autres. À l'ère de l'intelligence artificielle, cela me tenait à cœur de rédiger moi-même mon livre avec une vraie touche humaine.

Aujourd'hui, la plupart des gens ne sont pas épanouis dans leur travail mais le conservent par dépit et obligation. Et ce, sans compter les personnes qui font des burn-outs. Il y a ceux qui aimeraient vivre ailleurs, ceux qui n'aiment pas leurs collègues, des entrepreneurs dépendants de clients qui les fatiguent et bien d'autres raisons. Il faut bien payer son loyer, ses factures et, pour ceux qui le peuvent, mettre de côté une partie pour des loisirs, des plaisirs ou des imprévus de santé ou une grosse réparation de leur véhicule.

La plupart d'entre nous, travaillons du lundi au vendredi pour avoir deux jours de repos durant le week-end et répétons cela. Nous avons été conditionnés pour travailler ainsi toute l'année pour attendre cinq semaines de congés par an tout au long de notre vie et encore attendre d'avoir une éventuelle retraite. Le système de retraite actuel a déjà été réformé et je pense qu'à l'avenir, il y aura également plusieurs réformes. Pour ma part, j'estime que la retraite est juste un bonus, pour peu que je sois en bonne santé au moment d'avoir droit à cette dernière.

L'espérance de vie en bonne santé est d'environ 67 ans pour les femmes et 65,6 ans pour les hommes. Autrement dit, vous passez votre vie à travailler, donner votre temps, perdre progressivement votre santé pour qu'une fois à la retraite, vous passiez votre temps à utiliser vos revenus pour payer des éventuels soins. Et ce, sans compter les conséquences psychologiques néfastes de la perte du niveau de vie et l'éventuelle solitude. Il faut agir dès maintenant et ne pas rester les bras croisés pour notre propre avenir !

C'est dans ce sens que les revenus alternatifs ne sont plus une option pour se libérer de toutes ces contraintes. Il faut trouver le moyen de vivre pour travailler et non pas travailler pour vivre. Pour cela, il faut dissocier son temps de ses revenus et arrêter d'échanger continuellement son temps contre de l'argent. Votre temps est ce que vous avez de plus précieux. Avec du temps, vous pouvez gagner de l'argent, mais avec de l'argent, vous ne pouvez pas acheter du temps. Seulement, lorsque l'on pense à gagner de l'argent sans échanger son temps, cela semble compliqué.

On arrive rapidement aux revenus passifs comme solution pour sa liberté financière et la transition avec le salariat. Il s'agit de revenus que vous percevez de façon récurrente en ayant travaillé au début seulement. De cette façon, vous faites travailler votre argent en conservant votre temps et ne passez pas tout votre temps à gagner de l'argent. Attention toutefois, car un revenu n'est que très rarement intégralement passif, car il faut toujours entretenir le système que l'on a mis en place. Je vois cela comme une voiture. Vous allez mettre du temps à trouver une belle affaire et une voiture qui vous plaît puis, une fois que vous l'avez, vous devez l'entretenir pour qu'elle roule toujours aussi bien. Le premier pas est toujours le plus difficile. Je vous propose de vous accompagner à réaliser ce premier pas à travers mon ouvrage qui va vous guider, vous informer et vous aider à passer à l'action.

# MON HISTOIRE

C'est dans le sud de la France que je suis né et que j'ai grandi. J'étais loin de me douter que j'allais entreprendre une aventure dans l'immobilier. Je suis issu d'une famille très modeste avec des principes et des valeurs. On m'a toujours appris que le travail était quelque chose de très important et qu'il fallait être bon envers son employeur autant humainement que professionnellement.

J'ai donc commencé à travailler très tôt, alors que j'étais encore au lycée voire un peu avant. Au départ, je faisais des extras les dimanches au marché pour aider un marchand à installer son stand puis à le ranger en fin de matinée. De fil en aiguille, j'ai pu gagner la confiance de plusieurs marchands et l'un d'entre eux m'a proposé de rester la matinée complète. Je ne gagnais pas grand-chose, environ 30 euros, mais je savais que travailler était important et que j'aurais besoin de cet argent un jour ou l'autre. Je dépensais lorsque j'en avais besoin et épargnais sans trop savoir pourquoi à ce moment-là.

Par la suite, vers l'âge de 18 ans, j'ai pu travailler avec l'un des marchands plus régulièrement pendant la période estivale en tant que job d'été, m'assurant ainsi un revenu. Entre temps, j'ai également fait un peu de manutention avec un membre de ma famille. Et ce, toujours en parallèle de mes études. J'ai d'ailleurs pu payer intégralement mon code et mon permis que j'ai eu à 18 ans et demi du premier coup malgré des petites erreurs que j'avais faites. J'ai pu avoir des opportunités de travail de plus en plus intéressantes avec le temps et quand j'ai dépassé les 18 ans, j'ai pu avoir de vrais jobs étudiants durant l'année scolaire et toutes les vacances d'été lorsque je ne partais pas en vacances. J'étais très content et en quelque sorte récompensé par mon sérieux en trouvant un poste.

J'ai poursuivi mes études en sciences à l'université. Pendant mes études, j'avais réussi à avoir un emploi en parallèle en contrat étudiant où je faisais quelques heures en tant que préparateur de commandes de produits pharmaceutiques. Malgré mon avancée dans mon cursus scolaire, je ne parvenais pas à trouver une voie dans laquelle je me voyais continuer et être épanoui. Ayant un attrait pour le commerce, je me suis lancé, toujours en parallèle de mes études, dans l'achat-revente de véhicules d'occasion. Je n'étais plus préparateur de commandes à ce moment-là. Parfois, on gagne et parfois on perd, mais cela m'a permis d'être plus confiant pour négocier et prendre des risques mesurés.

J'ai ensuite continué mes études en master spécialité enseignement 1er degré, soit en école primaire, et j'ai arrêté l'achat-revente de voitures pour basculer sur la location de voitures entre particuliers avec mon véhicule personnel. Parallèlement, mon épargne augmentait d'année en année. Je ne savais pas vraiment ce que je voulais faire professionnellement, mais je continuais mes études seulement pour les terminer et en être fier. Je savais que je ne voulais pas travailler en tant que professeur des écoles. Je n'étais pas d'accord avec certaines choses dans l'éducation nationale et le fait de devoir travailler chez moi pour corriger ou préparer en plus de travailler à mon lieu de travail ne me convenait pas. Je suis quand même allé jusqu'au bout, j'ai passé le concours, je l'ai réussi et j'ai arrêté après la première année. Je devais passer par là pour valider mon Master. Aussi, je me disais que je n'ai pas fait tout ça pour rien et qu'il fallait que je teste au moins le métier, histoire de ne pas juger le livre à sa couverture mais après une bonne lecture. Ces études m'ont amené à déménager en région parisienne. Par la suite, j'en ai profité pour passer un concours à la mairie de Paris. Je l'ai obtenu du premier coup et ensuite j'y suis resté. Cependant, quelque chose sommeillait en moi. J'avais épargné pas mal d'argent mes précédentes années et je voulais en faire quelque chose.

Je savais que je ne voulais pas non plus ouvrir une entreprise ni quitter mon travail que je venais d'avoir pour cela. Je voulais quelque chose de valorisant et qui prenne peu de temps à gérer. Placer son argent sur un livret A n'était pas envisageable d'autant plus que les taux sont faibles. Aussi, ouvrir un restaurant ou une entreprise nécessitant d'être majoritairement là, du moins au début, n'était pas fait pour moi. De même, je ne voulais pas gérer des salariés, la comptabilité et tout ce qui va avec une société. Je me suis donc mis à chercher autre chose. J'ai demandé à mes connaissances si elles ne connaissaient pas un business à faire ou un investissement passif à réaliser. C'est ainsi qu'un ami, Mickey, m'a conseillé d'investir dans les boxes. J'ai commencé à m'y intéresser. Cela semblait assez compliqué pour moi car je devais trouver une bonne affaire, savoir s'il y avait de la demande, définir le prix de location, gérer les baux et plein d'autres choses relatives à l'investissement locatif.

Après réflexion, je décide de me lancer dans cette voie. Ce ne fut pas une chose facile car il fallait que je cherche des opportunités intéressantes. J'ai commencé par visiter des parkings à Fontenay-sous-Bois puis d'autres parkings à Pantin sans être convaincu. Cela me paraissait bizarre d'investir dans du goudron. Je suis donc parti en vacances sans avoir commencé à investir. À la fin de mes vacances, j'ai décidé de jeter un œil aux annonces sur leboncoin et je suis tombé sur un ensemble de plusieurs garages à Évry-Courcouronnes. J'ai contacté l'agent immobilier pour prendre rendez-vous dès mon retour de vacances. À mon retour, j'ai visité et j'ai pris le risque de mettre quasiment toute mon épargne dans cet investissement de 5 garages. Sans le savoir, il y avait plusieurs facteurs qui réunissaient une bonne affaire. Le plus important était que les vendeurs étaient pressés de vendre car c'était une succession. J'ai réalisé mon premier investissement immobilier avec mon épargne.

Après être passé chez le notaire, j'avais peur de ne pas pouvoir louer ces biens et de me retrouver avec des charges et impôts à payer en étant dans le rouge. C'était la panique à bord ! D'un côté, j'étais content d'avoir enfin fait le premier pas après des mois de réflexion. De l'autre, j'étais totalement perdu et je ne savais pas du tout par quoi commencer. J'ai demandé conseil à mon ami, Mickey, pour qui j'ai beaucoup d'estime, qui lui avait déjà investi dans environ 10 boxes. Il m'a donné des pistes pour mes premières locations et j'ai finalement réussi à trouver des locataires. Actuellement, j'ai un locataire qui est toujours là et qui n'a pas bougé. D'ailleurs, les autres n'ont quasiment pas bougé non plus mais j'en ai revendu. Quelle satisfaction de réaliser quelque chose soi-même ! En parallèle, j'avais toujours mon poste de fonctionnaire à la mairie. J'avais donc atteint mon objectif initial qui était d'utiliser l'épargne que j'avais à ce moment-là pour l'investir dans un projet qui m'appartienne et qui me génère des revenus passifs. C'était désormais chose faite. Ce n'était que le début de mon parcours car des années plus tard, je me retrouve avec environ vingt garages, vingt caves ainsi que deux locaux d'activités me permettant ainsi d'avoir un revenu complémentaire intéressant.

Toutefois, les objectifs de chacun sont différents. Pour certains, l'objectif sera de vivre à 100% de leurs revenus passifs et d'être libres de gérer leur temps. Pour d'autres, cela sera d'avoir un complément de revenus important pour augmenter leur niveau de vie. Pour moi, c'est d'avoir un complément de revenus afin de pouvoir réaliser des projets personnels mais également de ne plus avoir la pression de perdre mon emploi un jour. Un autre point important est d'avoir la liberté de pouvoir choisir un travail qui m'épanouisse quel que soit la rémunération. Effectivement, un travail payé au SMIC peut être passionnant et un travail payé 2 fois plus ennuyant, avec trop de responsabilités et pas assez de liberté. Finalement, c'est la liberté d'avoir le choix le plus important !

# PUISSANCE ET POLYVALENCE DE L'IMMOBILIER

L'immobilier est une valeur sûre pour la plupart des français. Et pour cause ! La majorité des Français rêvent d'acheter leur résidence principale et d'avoir leur chez-soi. Ce qu'il faut comprendre, c'est que l'immobilier répond à un besoin vital. La pyramide de Maslow a été créé par Abraham Maslow afin de hiérarchiser les besoins des individus. Elle se décompose en cinq : les besoins physiologiques, le besoin de sécurité, le besoin d'appartenance, le besoin d'estime et le besoin d'accomplissement. L'immobilier répond au besoin physiologique car il permet aux ménages d'avoir un toit. Un des autres besoins physiologiques serait, par exemple, le fait de se nourrir afin de pouvoir vivre.

Les hommes les plus fortunés du monde possèdent quasiment tous de l'immobilier d'une façon ou d'une autre. Historiquement, les biens immobiliers prennent de la valeur au fil du temps. C'est également une façon de placer son argent et de le faire fructifier. Il y a, en effet, plusieurs manières de faire de l'immobilier. Cela peut être dans un but patrimonial en choisissant minutieusement les emplacements ou en investissement locatif en cherchant des rentabilités plus intéressantes.

La puissance de l'immobilier se caractérise aussi par sa polyvalence. Effectivement, il n'y a pas que l'investissement locatif et la revente du bien plusieurs années plus tard qui sont possibles. On peut tout aussi bien se tourner vers une activité de marchand de biens en se constituant une activité purement commerciale. Ce n'est ni plus ni moins que de l'achat-revente avec des biens immobiliers.

Ce qui est formidable, c'est que le champ des possibles est large et qu'il est envisageable de diversifier ses stratégies ainsi que ses sources de revenus. Et ce, tout en restant dans le secteur immobilier. C'est incontestablement un levier d'enrichissement ! Il y en a également pour tous les goûts : l'immobilier d'habitation, l'immobilier commercial, les parkings, les caves, les bureaux, les terrains et j'en passe.

En plus d'avoir une diversité de biens immobiliers disponibles sur le marché, il y a également une multitude de secteurs géographiques. Et ce, autant en France qu'à l'étranger. Dans cet ouvrage, nous allons rester focalisés sur la France. Je vous conseille de vous intéresser, dans un premier temps, à ce qui se passe autour de vous ou dans un endroit dans lequel vous vous rendez régulièrement et que vous connaissez sur le bout des doigts. Par exemple, il se peut que vous habitiez dans une ville, mais que vous vous rendiez souvent dans une autre pour rendre visite à vos parents. Choisissez donc celle qui vous est la plus familière.

Pour moi, le côté le plus intéressant de l'immobilier est que cela va vous permettre de générer des revenus passifs et d'avoir du temps pour vous. J'attire toutefois votre attention sur le fait qu'il n'y a, à mon sens, aucun revenu qui soit totalement passif. Vous allez devoir travailler au début et moins par la suite. C'est ce que j'appelle la phase d'entretien durant laquelle vous devrez entretenir vos revenus passifs. Cet entretien peut être plus ou moins important selon le revenu passif en question. Il est également possible de déléguer certaines tâches de la phase d'entretien comme la gestion locative pour gagner en temps et augmenter la passivité de votre revenu. Ceci dit, vous perdrez un peu en rentabilité mais n'oubliez pas que le temps est plus important que l'argent. Vous ne pourrez jamais racheter le temps et vos moments passés !

# POURQUOI JE DÉCONSEILLE L'IMMOBILIER D'HABITATION

Maintenant que vous connaissez la puissance et la polyvalence de l'immobilier, nous allons maintenant voir vers quels types de biens immobiliers se tourner et les raisons pour lesquelles je vous déconseille l'immobilier d'habitation.

Les gens vivent dans leur lieu d'habitation et en investissant dans un appartement, vous partagez le quotidien de vos locataires. Quand je dis quotidien, je parle surtout des problèmes potentiels qu'il peut y avoir chez eux. Lorsqu'un locataire vous appelle, c'est rarement pour vous souhaiter de bonnes vacances. Il y a beaucoup de choses qui peuvent arriver dans une habitation. À titre d'exemple, nous pouvons citer des fuites d'eau ou de gaz, une panne électrique, des fenêtres qui se brisent, une mauvaise isolation ou encore un problème de chauffage ou d'eau chaude. Cette liste n'est pas exhaustive mais c'est uniquement pour vous faire comprendre que votre rentabilité sera forcément impactée par des petits travaux d'entretien ou de réparation. Il y a néanmoins des travaux qui sont à la charge du locataire mais les plus gros des travaux restent à la charge du propriétaire.

Au-delà de voir sa rentabilité baisser, le plus embêtant pour moi est de ne pas avoir l'esprit tranquille et de se dire qu'à tout moment, il peut se passer quelque chose dans son bien. Cela rend donc l'investissement un peu moins passif et un peu moins rentable car il faut utiliser sa trésorerie à chaque fois pour régler ces petits soucis. Mais ce n'est pas tout ! Le bail d'habitation et la loi sont en faveur des locataires. Qu'est-ce que cela veut dire ?

En cas d'impayés, vous ne pouvez pas simplement mettre un terme au contrat et relouer votre bien. Il va falloir respecter certaines règles comme la trêve hivernale pour savoir si le locataire peut partir et, au préalable, entamer une procédure qui peut être plus ou moins fastidieuse et loin d'être une partie de plaisir. Il faut envoyer un courrier pour rappeler le paiement du loyer. Après quinze jours sans réponse, envoyer une lettre de mise en demeure.

Puis, un commandement de payer par huissier en vue d'une expulsion si votre bail contient une clause résolutoire. Nous reviendrons sur ce point un peu plus loin. Enfin, on peut aller jusqu'à demander une assignation au tribunal d'instance si la mise en demeure est restée infructueuse.

Vous l'aurez compris, les éventuels problèmes qu'il peut y avoir dans l'immobilier d'habitation ne donnent pas envie de se lancer. Je dois aussi vous parler de la bête noire des propriétaires bailleurs dans l'immobilier d'habitation. Il s'agit des squatteurs. Savez-vous qu'il est très facile d'avoir une facture de gaz ou d'électricité à son nom ? Après seulement quelques jours dans le logement, des personnes peu scrupuleuses peuvent se procurer ainsi un justificatif de domicile. La loi étant en faveur des occupants, la situation est assez délicate. J'ai déjà lu une histoire où le propriétaire était désemparé par des squatteurs et a simplement squatté lui-même son propre logement. De la pure folie ! Il faudra attendre longtemps avant d'avoir une intervention de la justice et des forces de l'ordre. En attendant, votre bien est dégradé, vous payez des charges, une taxe foncière et vous perdez de l'argent. Fort heureusement, les choses changent et une loi contre les squatteurs a vu le jour. Cela ne règle pas tous les problèmes mais c'est un très bon point. Espérons que cela s'améliore et qu'une expulsion immédiate par les forces de l'ordre soit possible à l'avenir. C'est pour toutes ces raisons que je trouve que l'immobilier d'habitation est moins intéressant.

Vous avez aussi les normes relatives au DPE. C'est un diagnostic de performance obligatoire avant la vente d'un logement qui détermine la classe énergétique de ce dernier. Afin de pouvoir le louer, votre logement ne doit pas être considéré comme très énergivore. Dans le cas contraire, des travaux visant à réduire la consommation énergétique du logement sont obligatoires. En revanche, il est possible de réaliser une belle opération en prenant une passoire thermique, autrement dit un logement très énergivore, de l'acheter bien en dessous du prix du marché et faire les travaux. Certains travaux peuvent être subventionnés par l'État avec des dispositifs comme ma prime rénov' par exemple. Néanmoins, cela nécessite de passer par des artisans agréés, à prix compétitifs et de confiance ce qui n'est pas une chose simple. Ils augmentent souvent leurs prix et les meilleurs sont occupés. Même après tout cela, vous aurez les éventuels problèmes liés à l'immobilier d'habitation que nous avons vu précédemment dans cet ouvrage.

Il existe toutefois d'autres façons plus rentables de faire de l'immobilier résidentiel mais chacune de ces modalités comporte des défauts. D'abord, la location courte durée va vous créer un nouvel emploi car cela est très chronophage et que si vous déléguez des tâches, vous perdez en rentabilité. Généralement, ce sont les conciergeries qui proposent un service de gestion locative mais vous pouvez également déléguer cette partie-là à un tiers. D'autre part, cela nécessite d'avoir un budget non négligeable pour un ameublement attractif. Les photos professionnelles et la décoration d'intérieur sont à considérer car les clients vont d'abord acheter avec leurs yeux et se projeter avant de réserver. Au vu de la rotation élevée des locataires, votre logement va se dégrader beaucoup plus rapidement qu'en location longue durée. En parlant de locataire, j'ai à ma connaissance une histoire où le propriétaire avait accepté une location courte durée sur Airbnb à une personne.

Seulement, il se trouve que cette personne faisait entrer des prostituées pendant la nuit, ce qui dérangeait la copropriété. Et ce, sans compter que vous pouvez avoir une responsabilité sur cela. Ce n'est pas très joyeux de savoir, en se réveillant un matin, qu'il s'est passé des choses comme cela la dernière nuit dans votre habitation.

Venons-en maintenant à la colocation qui semble être le compromis idéal entre la location longue durée avec une petite rentabilité et la location courte durée qui est très chronophage. La plupart du temps, pour être rentable en courte durée ou en colocation, il faut passer sous le régime du meublé non professionnel, LMNP, ce qui inclut d'ores et déjà des frais d'ameublement. Ce type d'exploitation permet d'amortir le prix d'achat du bien pendant une certaine durée et de réduire son imposition. Sauf qu'après l'amortissement, il faut revendre et recommencer. Ceci nous fait entrer dans une sorte de cercle vicieux dans lequel on ne peut pas s'arrêter au risque de voir sa rentabilité chuter.

Mis à part les chiffres, les personnes vivant en colocation sont souvent de passage et ne vivent pas longtemps dans le logement, ce qui augmente beaucoup le turnover. En effet, par définition, vous vivez avec d'autres personnes et vous n'avez pas une vie privée totale. On peut entendre ce que vous dites au téléphone, voir les personnes que vous invitez, vous voir en pyjama, savoir quand vous êtes en vacances, et j'en passe. Il n'est pas étonnant que les personnes ne restent pas longtemps dans ce type de location. Ce sont souvent des étudiants ou des personnes en début de vie active. Les frais d'entretien ou de rafraîchissement sont plus réguliers. Les personnes ne se connaissent pas et ont des habitudes différentes, mais aussi des personnalités variées, ce qui peut être une source de conflits. Les règles de vie ne seront pas forcément les mêmes pour tout le monde. Socialement, lorsque vous êtes en colocation, cela est perçu la plupart du temps comme temporaire. Indirectement, c'est une gestion plus complexe car si les locataires ne s'entendent pas, ce sont potentiellement des problèmes à devoir régler, sauf qu'en investissant, nous ne voulons que la sérénité.

Ensuite, vous avez la division immobilière qui consiste à acheter un logement assez grand pour pouvoir le diviser, ce qui peut être un frein pour les débutants. La division doit absolument être déclarée et ne pas être officieuse. Il faut vérifier que le règlement de copropriété ne l'interdise pas, prévenir le syndic et faire une demande en assemblée générale. Une fois que votre demande a été acceptée, il faut faire appel à un expert géomètre afin de réaliser des plans de division respectant les normes légales en vigueur. Il est parfois nécessaire de modifier le règlement de copropriété et de procéder à la création des nouveaux lots. Pour terminer la division, il faut déposer les plans auprès des services compétents et mettre à jour les registres financiers. Ce n'est que la partie administrative de l'opération car il va également falloir trouver de bons artisans à prix attractifs pour être rentable. Vous l'aurez compris, ce n'est pas du tout une opération simple à réaliser et vous devez suivre votre opération tant sur le plan administratif qu'opérationnel pour qu'elle aboutisse correctement.

Passons maintenant en revue la stratégie de la doublette. Il s'agit de faire construire deux maisons souvent mitoyennes sur le même terrain, d'en vendre une et de garder l'autre pour soi ou en location. Avant de passer à la construction, il faut déjà savoir choisir un bon terrain pour votre projet. Ce n'est pas seulement déterminer si le terrain est constructible ou pas, mais analyser ce dernier. Vous pouvez tomber sur un terrain pollué, en zone inondable, sismique, qui ne peut pas accueillir une grande hauteur selon le plan local d'urbanisme ou encore en zone patrimoine remarquable vous obligeant à respecter certaines normes et engendrant un surcoût de construction non prévu pour vous. De plus, selon la nature du sol, vous devrez éventuellement adapter vos fondations et ne pourrez peut-être pas construire votre habitation sur plusieurs niveaux ou avoir des pièces en sous-sol. Bien entendu, au-delà de l'aspect technique du choix du terrain, il y a tout le côté technique et administratif lié à la construction, à savoir l'élaboration des plans par un architecte, la déclaration du permis de construire à la mairie et les travaux. On voit bien ici que l'on peut facilement faire des erreurs qui nous coûtent cher, sans compter que le budget nécessaire à ce type d'opération est assez conséquent.

Dans la même lignée, nous avons la stratégie de la rénovation où nous retrouvons les mêmes problématiques liées à la connaissance des travaux. En effet, il est essentiel d'estimer le montant des travaux lorsque l'on reprend un bien à rénover. L'idéal est de venir avec un artisan pour qu'il vous fasse une estimation des travaux. Cependant, vous n'allez pas pouvoir toujours venir avec un artisan et vous allez devoir acquérir de solides compétences pour définir le montant des travaux. Aussi, le suivi est essentiel car il y a des artisans qui abandonnent les chantiers en cours de route. D'ailleurs, les artisans vont devoir être coordonnés en fonction de leur spécialité que cela soit plomberie, électricité, peinture ou autre. Les travaux devant être faits dans un ordre précis, les échéances de chaque artisan sont primordiales et doivent être respectées pour ne pas retarder le chantier final. Or, il arrive qu'il y ait du retard en cascade.

Enfin, nous allons aborder un dernier mode d'exploitation que je ne recommande pas. Il s'agit de la sous-location professionnelle. L'idée est de sous-louer un appartement avec une société d'une façon plus rentable. Généralement, c'est la colocation ou la location courte durée. Ici, nous retrouvons tous les inconvénients que l'on a vus sans toutefois être propriétaire. Ajoutez à cela le fait de devoir créer obligatoirement une société et toutes les obligations administratives qui en découlent. Enfin, l'activité de sous-location professionnelle n'est possible qu'avec l'accord du propriétaire qu'il va falloir convaincre car s'il refuse, cela ne sera pas possible. En cas d'acceptation, il est nécessaire d'avoir un bail dérogatoire professionnel établi par un professionnel du droit tel qu'un avocat spécialisé dans le droit immobilier.

Après avoir examiné les inconvénients des différents modes d'exploitation, passons à l'investissement dans les parkings, garages, caves, entrepôts et locaux d'activités, qui est bien plus rentable et présente moins d'inconvénients. De plus, ces biens sont souvent accessibles sans crédit bancaire !

# POURQUOI ACHETER SANS CRÉDIT BANCAIRE ?

Beaucoup de personnes parlent de levier bancaire pour ne pas avoir à sortir d'argent de leur poche pour pouvoir investir dans l'immobilier. C'est d'ailleurs ce que vous diront la plupart des gourous du web sur ce sujet. Je ne partage pas du tout cette vision et ce, pour plusieurs raisons. La première des choses est que vous n'êtes pas réellement propriétaire avant d'avoir remboursé l'intégralité de votre crédit bancaire. Vous vivez en étant endetté et la banque a votre bien en hypothèque. Cette garantie hypothécaire permet à la banque de pouvoir saisir votre bien immobilier en cas d'impayés ou de défaut de paiement dans les délais prévus afin de se faire rembourser les sommes qui lui sont dues.

Souhaitez-vous investir pour ne pas pouvoir dormir sur vos deux oreilles ? Je ne pense pas ! Plus vous multipliez ce type d'opérations et plus vous vous endettez. Seulement, personne ne sait de quoi demain est fait et il se peut qu'un jour vous soyez dans la difficulté pour diverses raisons (maladie, crise, divorce, etc). En choisissant d'investir sans crédit bancaire, vous n'avez aucune hypothèque sur vos biens et vous dormez l'esprit tranquille. Vos biens vous appartiennent totalement et vous ne devez rien à personne. Vous êtes complètement indépendant et vraiment propriétaire. Psychologiquement, vous n'avez pas de stress ni de pression d'un organisme bancaire en cas de coup dur, d'impayés de loyer ou même de retard de paiement répété. Votre santé mentale n'est plus préservée et prendre soin de sa santé est indispensable pour réussir à investir à long terme. Lorsque vous allez louer votre bien, les revenus sont nets après paiement des charges, taxes et impôts et directement dans votre poche.

Avec un crédit bancaire, vous utilisez cet argent pour payer la banque alors que sans banque, vous utilisez cet argent pour vivre maintenant et pas dans vingt-cinq ans. Certaines personnes ne souhaitent pas faire appel aux banques également pour des raisons éthiques et religieuses. L'intérêt bancaire n'est pas autorisé et est religieusement prohibé dans l'islam par exemple. Cela peut donc également être un choix personnel ainsi qu'une conviction religieuse. Il est donc compréhensible que ces personnes ne souhaitent pas passer par les banques pour réaliser des opérations immobilières ou, par ailleurs, toute type de transaction.

Sachez également qu'en investissant sans prêt bancaire, vous partez avec un avantage concurrentiel non négligeable. Imaginez que vous ayez un bien immobilier à vendre et que vous ayez le choix entre deux acquéreurs potentiels. Le premier vous dit qu'il doit demander l'accord de sa banque pour l'obtention d'un éventuel prêt et le deuxième vous dit qu'il est prêt à acheter de suite, en paiement comptant, avec justificatif bancaire à l'appui si besoin.

Lequel des deux choisiriez-vous ? Tout comme moi, vous auriez choisi celui qui est prêt à vous acheter votre bien immobilier de suite, sans devoir demander l'accord de sa banque et avec la quasi-certitude que la vente va aboutir. Il est capital de savoir que lorsque vous vendez un bien immobilier, il se peut que votre acquéreur vous fasse miroiter une vente et qu'après deux mois, vous ayez une réponse négative avec pour motif un refus d'obtention de prêt de la part de l'organisme bancaire. Vous devrez à ce moment-là tout refaire depuis le début et il est fort possible que vous ayez raté bon nombre d'acquéreurs potentiels entre temps. Force est de constater que le fait d'acheter sans crédit bancaire vous garantira un avantage concurrentiel lors de la phase d'achat de votre bien immobilier. Parfois, certains acheteurs assez malhonnêtes n'hésiteront pas à utiliser cette technique pour vous passer devant et ce, même s'ils contractent un crédit bancaire.

Effectivement, ces personnes savent que c'est un atout majeur que d'acheter sans crédit bancaire. Ces personnes ont, à mon sens, peu de principes car, même si l'on passe par un organisme bancaire pour réaliser son opération immobilière, il est important d'être sincère dans sa démarche tant envers le vendeur, que l'agence immobilière s'il y en a une ou le notaire. Le revers de la médaille est que réaliser des transactions basées sur le mensonge vous portera préjudice à un moment ou à un autre.

De surcroît, vous pouvez éventuellement retravailler avec ces personnes pour d'autres affaires et si, par un moyen quelconque, elles se rendent compte que vous avez menti, vous aurez perdu l'opportunité de construire ou consolider votre réseau. Ce n'est pas le cas des personnes qui choisissent de faire un crédit bancaire mais qui sont honnêtes en disant qu'elles sont sûres d'obtenir leur prêt avec un accord de principe de la banque. Elles sont dans une démarche transparente. Pour réussir, proposez de la qualité en répondant à un besoin et soyez toujours véridique, sincère et loyal avec vos locataires, collaborateurs et, plus généralement, avec toutes les personnes faisant partie de votre vie. Les relations humaines sont capitales que ce soit personnellement ou professionnellement. Soyez donc bons et authentiques !

# AUGMENTER SON ÉPARGNE

Investir sans crédit bancaire nécessite d'avoir un petit capital de départ. Afin de constituer ce capital, vous allez devoir épargner probablement un peu plus que d'habitude. Ceci dit, maintenant que vous avez un objectif en tête, la motivation qui va vous animer va faciliter toutes les actions qui en découlent, dont l'épargne. Nous allons voir ensemble plusieurs moyens d'augmenter votre épargne et des astuces pour réduire vos dépenses afin que votre reste à vivre soit plus grand et que vous puissiez vous constituer un capital.

Le cas le plus fréquent est d'être salarié soit dans le secteur privé soit dans la fonction publique d'État, territoriale ou hospitalière. Premièrement, vous pouvez essayer d'avoir un poste plus important avec plus de responsabilités. En montant en grade, votre rémunération va également augmenter. Acceptez toutefois uniquement des responsabilités que vous seriez prêt à supporter selon votre capacité et qui n'augmentent pas votre charge mentale. Le but n'est pas de vivre pour son travail et de finir en burn-out quelques mois plus tard. Autrement, vous pouvez faire en sorte d'être un élément indispensable et irremplaçable au sein de votre entreprise. Comment faire ? Vous devrez placer le curseur très haut en termes d'exigence et accomplir des tâches dépassant le cadre de vos missions. Et ce, sans que l'on ne vous demande quoi que ce soit.

De cette façon, vous aurez une valeur inestimable auprès de votre employeur qui saura pertinemment que vous apportez énormément à l'entreprise et que si vous partez, il ne pourra pas vous remplacer. Faites les choses petit à petit. Ne passez pas du jour au lendemain à une multitude de nouvelles tâches. Vos collègues et votre employeur ne vont pas comprendre cet élan d'investissement professionnel. Soyez authentique, faites-le que si vous en avez vraiment envie et soyez cohérent avec vos objectifs et avec vous-même. À ce moment-là, vous aurez une place indétrônable au sein de votre entreprise et c'est à cet instant précis que vous aurez votre carte à jouer. Comment ? Simplement en demandant une petite augmentation. Si on vous la refuse, patientez et continuez à faire vos preuves pour la redemander un peu plus tard. Après avoir réitéré l'opération plusieurs fois et sans réel succès, vous allez pouvoir passer à une autre méthode pour augmenter vos finances personnelles.

Nous allons continuer à voir comment augmenter ses revenus tout en conservant son emploi. La deuxième stratégie consiste à chercher un petit boulot en parallèle ou à faire un petit business. Pour un second emploi, vous pouvez regarder dans votre domaine de compétences bien sûr mais également consulter des offres d'emploi à temps partiel. Certains secteurs d'activités comme la restauration sont souvent en recherche de personnel. Concernant un side business, autrement dit une activité en parallèle, je vous conseille la prestation de service. Pourquoi ? Avec la prestation de service, vous ne prenez pas le risque d'être en perte. De fait, contrairement à une activité commerciale ou d'achat-revente, vous n'êtes pas obligé d'investir dans un stock et de prendre le risque de ne pas réaliser assez de marge ou de ne pas parvenir à écouler votre stock. C'est ainsi que vous pouvez perdre de l'argent. Or, à cette étape, nous ne cherchons pas à prendre le moindre risque. Toutefois, si vous êtes déjà dans l'achat-revente et que vous connaissez bien vos produits, la demande ainsi que les éventuels bénéfices à en tirer, vous pouvez tout de même vous lancer avec des risques mesurés.

Ces astuces vous permettront d'augmenter vos revenus et votre épargne même si, pour le moment, vous allez sacrifier de votre temps. Ce temps est précieux et c'est la raison pour laquelle vous devez avoir un objectif, savoir pourquoi vous faites les choses afin que cela ait du sens pour vous et vous motive constamment.

Nous allons maintenant parler d'une autre façon d'augmenter ses revenus en gardant le même métier. Il s'agit d'aller jeter un œil chez la concurrence et de proposer vos compétences. Pour ce faire, deux options s'offrent à vous. La première est d'identifier les postes à pourvoir proposant une rémunération plus élevée et de simplement postuler. Vous ferez ainsi le même métier dans une autre entreprise et percevrez un salaire plus important lors de votre changement d'entreprise. La seconde manière est de demander une rupture conventionnelle et, si cette dernière est acceptée, proposer vos services en société, comme une SASU par exemple, dans des entreprises similaires. Vous aurez ainsi vos indemnités chômage pour vivre et vous pourrez laisser l'argent que vous gagnez dans votre société. Plus tard, vous pourrez vous verser un salaire lorsque vous en aurez besoin ou des dividendes à la fin de votre exercice comptable. Vous aurez donc une double rentrée d'argent le temps de votre chômage. Vous payerez des impôts sur votre société mais pas sur vos revenus si l'argent reste dans la société. Lorsque vous n'aurez plus de chômage, vous pourrez vous verser régulièrement un salaire avec l'argent généré par la société. Sachez toutefois que vous devrez payer des charges et cotisations patronales.

Enfin, une fois que vous aurez mis en place les moyens vous permettant d'augmenter vos finances personnelles, je vous conseille de programmer un virement automatique mensuel vers un autre compte afin d'épargner. Cela vous permettra de vivre avec ce qu'il reste sans vous en rendre compte. Regardez le montant nécessaire pour vivre en fonction de vos dépenses habituelles et faites un virement d'une partie de ce qu'il vous reste. Plus précisément, vous pourriez avoir besoin de plus d'argent que prévu dans des situations, justement, imprévues. Prenez donc cela en considération. Dès l'instant où vous arriverez à accroître vos revenus, vous pourrez vous focaliser sur la diminution de vos dépenses.

J'attire votre attention sur le fait que vous devrez garder vos dépenses relatives à vos besoins physiologiques pour que vous puissiez vivre convenablement. La chose que vous devrez faire afin de voir les choses avec plus de clarté est de consulter votre compte bancaire pour repérer tous les prélèvements bancaires récurrents. Vous devrez ensuite les lister sur un carnet. Puis, il faudra que vous contactiez tous les prestataires pour, dans un premier temps, renégocier vos contrats et vos abonnements. Vous devrez mettre en avant votre fidélité et demander s'il est envisageable de bénéficier d'un geste commercial, car vous êtes en train de chercher les tarifs les plus attractifs. Il se peut que l'on vous fasse une remise sur un ou plusieurs mois, que l'on ne fasse pas subir une augmentation qui était prévue ou que l'on vous offre un bon d'achat pour des produits ou services complémentaires qui vous intéressent.

Malgré tout, cette technique ne fonctionne pas toujours et si c'est le cas, vous devrez voir les tarifs chez la concurrence. À cette fin, utilisez les comparateurs en ligne qui sont très bien pour les forfaits téléphoniques ou vos abonnements d'énergie. Aussi, n'hésitez pas à appeler des prestataires ou à faire des devis en ligne. Sur tous vos prélèvements, vous parviendrez certainement à obtenir de meilleurs tarifs.

À partir du moment où vous aurez augmenté vos revenus et réduit vos dépenses, vous pourrez épargner plus d'argent chaque mois et vous aurez une meilleure gestion de vos finances personnelles. Cette épargne est précieuse car vous aurez passé beaucoup de temps pour la constituer. Vous aurez un capital de départ et le but sera dorénavant de faire travailler l'argent pour vous plutôt que de travailler pour l'argent. Ce processus se fait progressivement et ne se réalise pas du jour au lendemain. Il faudra donc s'armer de patience et de motivation en gardant en tête son objectif.

# CHOISIR LE STATUT ET LE RÉGIME FISCAL ADAPTÉ

Avant de voir vers quels types de biens je vous conseille de vous orienter, il est essentiel de bien choisir son statut et son régime fiscal. Globalement, vous avez deux façons d'investir. En premier lieu, vous pouvez le faire en nom propre ou en société. Si vous êtes débutant, je vous recommande de ne pas vous embêter avec cela et de commencer en nom propre. Investir en nom propre signifie investir en tant que particulier, en votre nom, sans société particulière. Vous n'êtes toutefois pas obligé d'acheter seul. En réalité, vous pouvez acheter à deux ou à plusieurs et vous aurez chacun une part du bien proportionnellement à votre apport financier. C'est ce que l'on appelle l'indivision. Les parts ne sont pas forcément égales et dépendent de la contribution de chacun.

L'inconvénient de l'indivision est que tous les co-indivisaires détiennent des droits sur le bien indivis et vous n'êtes pas le seul à décider. Il est donc essentiel de bien réfléchir avant de se lancer dans une indivision et de bien choisir la ou les personnes avec qui le faire. Bien qu'il n'y ait aucune formalité particulière, vous devrez, dès votre acquisition, établir des règles de gestion, d'éventuelle vente et de succession avec votre notaire afin que cela soit bien inscrit. Lorsque vous allez choisir quelqu'un, c'est comme si vous alliez vous marier avec cette personne dans le cadre de cet achat.

En parlant de mariage, le régime matrimonial est capital lorsque vous allez investir. Si vous achetez seul et êtes marié civilement avec le régime par défaut, c'est le régime de la communauté réduite aux acquêts qui s'applique. Cela signifie que tous les biens que vous avez acquis avant votre mariage vous appartiennent et que tous les biens acquis pendant le mariage appartiennent à la communauté formée par votre couple. Réfléchissez donc bien à votre projet si vous êtes marié ou comptez le faire car, selon votre projet, vous ne souhaitez peut-être pas investir avec votre conjointe ou conjoint. Aussi, vous ne souhaitez éventuellement pas que tous les biens que vous allez acquérir seuls appartiennent également à votre épouse ou votre époux. Afin d'éviter cela, il existe plusieurs solutions.

La première étape consiste à faire un contrat de séparation de biens chez un notaire, spécifiant que les biens de chaque époux leur appartiennent pendant le mariage. Cette mesure doit être prise avant le mariage civil et est la méthode la plus simple. Il est aussi envisageable de le faire après le mariage civil, mais cela entraîne des coûts financiers plus élevés.

La deuxième est d'investir en société et nous en reparlerons un peu plus tard dans ce livre. Vous l'aurez compris, avant de vous lancer, il est capital de réfléchir à votre situation matrimoniale si vous envisagez de partager votre vie. Parfois, il est difficile de faire comprendre à votre moitié les raisons qui vous poussent à faire ce type de contrat. Ne mentez pas et soyez honnête car, n'oubliez pas, être loyal et authentique est vital pour vous constituer un réseau familial, social et professionnel de qualité. Ce réseau est indispensable car ces personnes font partie de votre vie, contribuent à votre bien-être et sont là pour vous en cas de besoin. Faire un contrat de séparation de biens peut être perçu comme un manque de confiance en l'autre. Cependant, vous pouvez avancer des arguments, s'ils sont véridiques et adaptés à votre situation, comme par exemple le fait que l'investissement immobilier représente pour vous un business et que vous souhaitez qu'il soit indépendant de votre couple. Aussi, vous pouvez également bénéficier d'une gestion plus aisée des conflits en cas de divorce et d'une désolidarisation des dettes.

Vous pourrez personnaliser votre contrat avec des clauses spécifiques et, en outre, ajouter un testament afin de le consolider. C'est un élément supplémentaire pour faire accepter ce type de contrat par votre moitié. Veillez à bien passer par un notaire pour toutes vos démarches. Idéalement, gardez votre notaire lors de vos futures transactions immobilières. Pour choisir un notaire, je vous conseille dans un premier temps de regarder autour de vous si vous connaissez quelqu'un qui en a déjà un. La recommandation d'une personne proche augmentera la confiance que vous aurez en ce notaire et, de la même façon, le notaire aura naturellement plus de considération à votre égard. Autrement, vous devez échanger avec le notaire afin de voir le feeling que vous avez avec lui mais aussi vérifier sa disponibilité, sa réactivité, sa pédagogie, sa transparence ainsi que sa compétence. Pensez à regarder les avis sur Google.

D'ailleurs, j'aimerais vous parler de la fiscalité si vous décidez d'acheter en nom propre et c'est ce que je vous recommande, du moins, pour votre première opération. Cela vous permettra de vous faire la main et de ne pas vous soucier d'autres formalités administratives. Ici, nous parlons de location nue autrement dit non meublée. Vous avez donc le choix entre deux régimes fiscaux qui sont le régime du micro-foncier et le régime réel. Le régime du micro-foncier est un régime forfaitaire où un abattement de 30% s'applique sur vos revenus fonciers. Par exemple, si vous avez perçu la somme de 10 000 euros, vous avez un abattement de 30% qui équivaut à 3 000 euros et vous ne paierez des impôts que sur 7 000 euros correspondant à 10 000 - 3 000. Ensuite, vous allez payer selon votre tranche marginale d'imposition en ajoutant les prélèvements sociaux. Actuellement, ce taux est de 17,2%. Votre tranche marginale d'imposition est la tranche la plus haute dans laquelle vous vous situez. Vous pourrez regarder le barème progressif de l'impôt sur le revenu pour le savoir.

L'imposition est progressive. Par exemple, si vous êtes dans la tranche à 30%, ce ne sont pas tous vos revenus qui vont être imposés à 30%. La première partie est imposée à 0% jusqu'au seuil des 11%, puis à 11% jusqu'au seuil des 30%, puis à 30% pour le reste. Quant à eux, les revenus fonciers viennent s'ajouter à vos revenus salariés et vous allez donc payer en prenant en compte la tranche la plus élevée appelée tranche marginale d'imposition, TMI, à laquelle vous ajouterez les prélèvements sociaux de 17,2%.

Le deuxième régime d'imposition est le régime réel. Dans ce régime-là, vous déduisez au réel l'ensemble des charges inhérentes à vos locations. Parmi ces charges, vous avez les travaux d'entretien, les travaux de réparation, les charges de copropriété, la taxe foncière, éventuellement la cotisation foncière des entreprises et les frais d'assurance si vous en avez. Veuillez noter également que vous avez le droit de déduire 20 euros par bien dans le cadre de la gestion de vos biens immobiliers. Si vous décidez toutefois de laisser votre bien dans une agence pour la gestion locative, sachez que vous pouvez aussi déduire les frais d'agence. Afin de déterminer quel régime est le plus intéressant pour vous, il convient de comparer ces deux régimes selon vos revenus fonciers, vos charges, votre taxe foncière et les éventuels travaux. Si l'ensemble de vos charges excède 30%, alors choisissez le régime réel. Si ce n'est pas le cas, partez sur le régime micro-foncier. Il faut savoir que si vous dépassez le seuil de 15 000 euros de revenus fonciers, c'est le régime réel qui s'applique automatiquement. En dessous de 15 000 euros de revenus, vous pouvez toutefois décider d'opter pour le régime réel et ce dernier est irrévocable pendant une durée de 3 ans.

Parlons dorénavant de la deuxième façon d'investir qui est d'acheter en société. Il existe plusieurs types de sociétés et celle qui est la plus répandue pour investir dans l'immobilier est la société civile immobilière (SCI). Pour constituer une SCI, il faut être au minimum deux ce qui sous-entend de s'associer.

Vous pouvez choisir le pourcentage de parts que vous souhaitez comme par exemple 99/1%, 50/50% ou tout autre montage qui vous conviendrait. Cela peut être un inconvénient pour quelqu'un qui souhaiterait investir seul. De plus, vous devez rédiger des statuts afin d'instaurer le cadre et constituer votre SCI. Pour cette partie, je vous suggère de passer par un professionnel du droit afin de ne pas omettre des choses qui pourraient être essentielles pour votre projet. Si vous souhaitez être seul, vous pouvez opter pour un montage 99% pour vous et 1% pour la personne qui vous aura aidé à constituer la SCI. Le capital de la SCI est libre et vous pouvez la constituer avec un capital d'un euro. Ce n'est pas tout, le fonctionnement est flexible que ce soit pour les prises de décisions, les cessions des parts sociales ou les pouvoirs. C'est une structure propice à la transmission du patrimoine car, tous les 15 ans, il est possible de faire une donation de parts sociales en franchise de droits. Vous ne payez donc aucun droit et ce, à hauteur de 100 000 euros ce qui fait de ce statut un outil de transmission remarquable.

Enfin, cet outil polyvalent, permet de choisir entre deux régimes d'imposition permettant ainsi d'optimiser sa fiscalité en l'adaptant à sa situation. J'insiste sur le fait que cela va dépendre de votre projet et vous allez de suite comprendre pourquoi ! La SCI offre la possibilité de déclarer ses revenus selon le même régime qu'en nom propre. On parle alors de SCI à l'impôt sur le revenu ou SCI à l'IR et on l'a qualifié de transparente. Mais aussi, vous pouvez choisir d'opter pour l'impôt sur les sociétés, SCI à l'IS qui est opaque. Le taux de l'imposition est de 15% pour les bénéfices inférieurs à 38

200 euros et 26,5% pour les revenus supérieurs à 38 200 euros. Par ailleurs, vous payez également un impôt si vous versez des dividendes aux associés au taux forfaitaire de 30% (flat tax) représentant 17,2% pour les prélèvements sociaux et 12,8% pour l'impôt sur le revenu.

Il est également possible de rémunérer le gérant, et les règles sont différentes selon le cas où le gérant est associé ou non de la SCI à l'IS. Si le gérant n'est pas associé de la SCI, vous allez pouvoir déduire en charge la rémunération du gérant et ce, que ce soit à l'IS ou à l'IR. En revanche, si le gérant est associé de la SCI, les règles sont différentes. Quand la SCI opte pour l'IS, la rémunération est déductible du résultat imposable. Cependant, la rémunération du gérant d'une SCI à l'IR, elle, n'est pas déductible de vos revenus fonciers. De plus, le gérant doit déclarer sa rémunération soit dans la catégorie des traitements et salaires s'il est non associé, soit dans la catégorie des revenus fonciers s'il est gérant associé de la SCI, soit dans les revenus des associés et gérants selon l'article 62 du CGI si le gérant est associé d'une SCI à l'IS. Il faut savoir que dans une SCI à l'IS, vous devez tenir une comptabilité et que, dans les deux cas, vous devrez faire une assemblée générale annuelle. Il faut que le gérant de la société rende compte de la gestion de la SCI une fois par an afin que cela soit approuvé lors d'une assemblée générale tout comme la SARL, la SAS, la SASU et tout autre type de société.

Lorsque vous faites de la location nue, un des plus gros avantages de la SCI à l'IS est de pouvoir amortir la valeur du bien en déduisant chaque année un pourcentage de la valeur du bien. Cette opération amène souvent le résultat comptable à zéro. Par conséquent, vous ne payez pas d'impôts pendant un moment. Je vous conseille de faire appel à un expert-comptable, mais cela n'est pas obligatoire. Il est important de savoir que si vous avez besoin d'utiliser l'argent de la SCI, vous ne pouvez pas l'utiliser comme bon vous semble. Comme nous l'avons vu, c'est soit en dividendes soit en rémunération si vous êtes le gérant. Dans le cas d'une éventuelle revente, en SCI à l'IR, vous êtes imposé selon l'impôt sur la plus-value des particuliers à un taux de 19% auquel vous ajoutez 17,2% de prélèvements sociaux, soit 36,2%. En SCI à l'IS, on va vous ajouter tous les amortissements qui ont été comptabilisés lors de vos années de détention.

C'est ce que l'on appelle la valeur nette comptable. Cela va donc augmenter votre plus-value et ainsi l'imposition sur cette dernière. Vous payez une plus-value professionnelle à un taux de 15% en se basant sur la différence entre le prix de vente et la valeur nette comptable. Votre précieux patrimoine immobilier est dissocié de votre activité professionnelle dans une SCI. En d'autres termes, contrairement à un achat en nom propre, les deux types de revenus sont indépendants. Les revenus immobiliers appartiennent à la SCI et non pas à vous en tant que personne physique. Cela vous permet de mettre à l'abri votre patrimoine immobilier et vous ne pourrez pas être saisi en cas de faillite ou de coup dur dans votre activité professionnelle. De plus, selon votre situation, ces biens immobiliers n'entrent pas dans le calcul de vos aides sociales.

Lorsque vous êtes en SCI à l'IS, vous avez la possibilité, si un jour vous le souhaitez, d'exploiter un bien, à titre accessoire, en location meublée dès lors que les revenus de cette activité ne dépassent pas 10% des revenus annuels de la SCI. Cela ouvre une opportunité supplémentaire si vous avez un appartement et souhaitez le mettre en location meublée pendant vos absences prolongées. Comme énoncé précédemment, vous devez réfléchir en amont à votre projet afin de déterminer quel statut et quel régime fiscal vous correspond le mieux. Vous me direz : "Oui mais je peux changer après de toute façon". Et vous aurez raison seulement il faudra payer des frais supplémentaires. Premièrement, si vous avez plusieurs biens en nom propre et que vous décidez de les passer en SCI, vous devrez passer par un notaire afin d'apporter vos biens en nature. Qui dit notaire dit frais et vous aurez un coût non négligeable lié à cette transaction. Ce que l'on appelle frais de notaire sont en réalité composés des émoluments du notaire qui correspondent à la somme perçue par le notaire pour la prestation qu'il aura faite, des honoraires, des droits d'enregistrement, des taxes versées à l'État, aux collectivités territoriales et des débours qui sont des sommes que le notaire a dû avancer. Sachez également que même si vous décidez d'opter pour une SCI, vous devez, selon vos buts, déterminer si vous souhaitez le régime de l'IR ou de l'IS.

Si vous pensez faire un peu de location meublée ou d'investir dans un local commercial à l'avenir, il faudra une SCI à l'impôt sur les sociétés. Il est possible d'être à l'IR puis de passer à l'IS, mais cette option est irrévocable. Cela peut être une stratégie afin de profiter des avantages de chaque régime. Une autre possibilité est de constituer une SCI pour chacun de vos projets. Cela peut vous permettre de vous associer avec différentes personnes, amis ou famille, et d'aller chercher des projets rentables sur lesquels vous n'auriez pas pu vous positionner tout seul.

La SCI n'est pas le seul type de société. Nous allons en effet parler de la SARL et de la SASU qui sont des sociétés commerciales. Commençons par la SARL. Dans ce cadre-là, vous ne détenez pas directement le bien mais c'est la SARL qui le détient et vous possédez des parts de société proportionnellement à votre apport. L'apport de tous les associés constitue le capital de la société. Vous détenez ainsi indirectement les biens immobiliers. Il est nécessaire de s'associer afin de constituer une SARL. Contrairement à une SCI, la comptabilité est beaucoup plus poussée et l'intervention d'un expert-comptable est nécessaire, ce qui inclut un coût. Chaque année, les comptes doivent être enregistrés auprès du greffe du tribunal de commerce et l'établissement d'une liasse fiscale est obligatoire. Comme dans une SCI à l'IS, vous allez payer deux fois si vous souhaitez sortir l'argent de la société. Une fois avec l'impôt sur les sociétés au taux de 15% jusqu'à 38120 euros puis 26,5% au-delà, puis une fois lorsque vous verserez des dividendes au taux de 30% si vous optez pour la flat tax. De plus, la gestion de la société est majoritairement faite par le ou les gérants.

Toutefois, cette structure peut avoir de l'intérêt si vous êtes plusieurs associés avec un gros apport en capital et que vous souhaitez réaliser des opérations d'achat-revente également. Concernant le statut du gérant, il est soit considéré comme assimilé salarié s'il détient moins de 50% du capital social de la SARL et est affilié au régime général de la sécurité sociale, soit travailleur non salarié (TNS) s'il détient plus de 50% du capital social de la société et dépend du régime social des indépendants. Dans le second cas, vous avez environ 40% de cotisations supplémentaires auquel vous ajoutez 12,8% de flat tax sur une partie des dividendes. Avec tous ces éléments, je ne vous recommande pas de passer par une SARL. Cependant, si vous souhaitez constituer une entreprise avec un membre de votre famille, la SARL de famille peut être une option intéressante pour vous. Les différences avec une SARL classique sont nombreuses. Plus particulièrement, elle peut être soumise à l'impôt sur le revenu à condition que les parts soient détenues à 100% par des membres de la famille. Vous n'avez ainsi plus de double imposition et vous payez proportionnellement aux parts que vous avez dans la société selon le chiffre annuel qu'elle aura réalisé. Si vous avez un déficit, vous avez la possibilité de l'imputer sur vos revenus dans votre déclaration d'impôt personnelle, toujours proportionnellement à la détention de vos parts. En cas de plus-value, vous avez également plusieurs cas d'exonération comme la réduction en fonction des recettes, en fonction d'un départ à la retraite et l'exonération fiscale en fonction de la valeur de la société ou de la destination du bien. Attention toutefois car vous ne pourrez pas déduire la rémunération du dirigeant. Aussi, une entreprise familiale sous-entend de très bien s'entendre avec les membres associés de sa famille. Vous ne souhaitez peut-être pas vous associer mais voulez tout de même dissocier votre patrimoine immobilier de vos revenus salariés. Dans ce cas, une solution s'offre à vous. Il s'agit de la SASU immobilière !

C'est particulièrement intéressant car vous avez la possibilité d'ajouter au fil du temps des associés dans votre société qui devient alors une SAS et plus une société unipersonnelle. La fiscalité est celle de l'impôt sur les sociétés ce qui permet d'amortir les biens que vous allez acquérir. Vous avez également la possibilité de réaliser des opérations d'achat-revente car c'est une société commerciale et votre responsabilité sera limitée au montant de votre apport.

La constitution de la société peut être réalisée sans aucun capital social minimum à condition d'apporter au moins un bien immobilier en apport pour être considérée comme immobilière. Il faut désigner un président mais le fonctionnement de la SASU est assez souple ce qui laisse une grande liberté contractuelle. Le président bénéficie d'une couverture sociale complète car il est rattaché au régime général de la sécurité sociale. Si vous optez pour une société afin d'investir, je vous préconise, encore une fois, de passer par un professionnel du droit. Non seulement pour avoir un cadre juridique complet mais aussi pour qu'il vous conseille plus en profondeur sur le statut à choisir en fonction de votre projet personnel et professionnel. Vous avez également la possibilité d'ajouter un testament pour anticiper le jour où vous ne serez plus là car tôt ou tard, nous allons tous partir. Ne passez donc pas votre vie à travailler mais plutôt, travaillez pour vivre. Prenez le temps nécessaire pour réfléchir à votre projet de vie. Celui-ci peut être un peu flou si vous débutez mais écrivez au moins ce que vous ambitionnez de faire dans votre idéal. Définissez aussi ce que vous projetez de faire personnellement, que ce soit un mariage, avoir des enfants, déménager, vivre à l'étranger ou tout autre chose que vous aimeriez réaliser personnellement. Cela vous donnera des objectifs à atteindre qui sont écrits et sera une source constante de motivation pour vous.

# LES DIFFÉRENTS TYPES DE BIENS IMMOBILIERS

Lorsque vous aurez décidé si vous allez investir en nom propre, ce que je vous suggère au départ, ou en société, il faudra trouver un type de bien qui corresponde à votre projet. Les biens immobiliers que nous allons voir à présent sont accessibles sans crédit bancaire et ne nécessitent que très peu d'entretien. Vous n'aurez pas tous les problèmes inhérents à l'immobilier d'habitation que nous avons évoqués plus tôt dans ce livre. Nous allons enfin parler de parkings, de garages, de boxes, de caves, d'entrepôts et hangars, et de locaux d'activités et commerciaux.

# LES PARKINGS

Au tout départ, quand j'ai voulu investir, je me suis dirigé vers les parkings mais cela me semblait bizarre que ce soit considéré comme un bien immobilier. Pour moi, il fallait qu'il y ait des clés pour que ce soit considéré comme un bien immobilier. Là, ce n'était que du goudron. Ceci dit, j'ai quand même fait des visites et je vous encourage à faire de même. Voyez les visites comme de l'entraînement et de la pratique. Vous allez en effet récolter de précieuses informations lors de celles-ci. Elles sont obligatoires pour moi. Certaines personnes vous diront qu'il est possible d'investir à distance. C'est vrai mais je ne le recommande pas du tout pour un débutant. Après avoir accumulé une expérience solide ainsi qu'une connaissance accrue de son produit d'investissement et de son secteur, il est possible d'investir à distance. N'allez pas non plus vous aventurer dans des projets aux rentabilités alléchantes à des centaines de kilomètres de chez vous.

Méfiez-vous car des personnes peu scrupuleuses peuvent tenter de vous arnaquer. Les parkings peuvent être intéressants dans les agglomérations denses où les places de parkings libres sont minoritaires et où les stationnements sont payants.

Vous vous doutez bien qu'une place de parking sera bien plus demandée à Paris plutôt qu'à Rochefourchat. Oui, oui ce village existe vraiment. Regardez sur Google si vous ne me croyez pas. Après ces quelques secondes de géographie, ce que vous devez comprendre, c'est que, globalement, un investissement immobilier n'a de sens que s'il y a une réelle demande et que cela réponde à un besoin. Tout d'abord, comment faire pour analyser la demande ? Tout commence sur internet, depuis votre canapé, en étant installé confortablement et en buvant la boisson de votre choix.

Allez sur le fameux site leboncoin et plus précisément dans la rubrique immobilière puis dans location et dans la sous-catégorie parking puis dans demande. Faites la même chose pour les offres et cela vous donnera un premier aperçu du marché dans la ville même si ce n'est pas tout le monde qui met une annonce pour rechercher un bien en location. Ensuite, regardez sur internet la densité de la population car plus la ville sera dense et moins il y aura d'espace pour les voitures. La croissance démographique ne fait qu'accentuer ce point. Les parkings privés deviennent donc très attractifs.

Toujours depuis chez vous, appelez certaines agences immobilières et les agents indépendants qui auront une connaissance accrue de votre secteur et demandez-leur simplement s'il y a de la demande pour la location de parkings. Selon la ville, vous pourrez même trouver des agences ou des agents indépendants qui sont plus spécialisés que les autres dans les parkings. Vous trouverez leurs coordonnées sur internet. Profitez de ces démarches pour également vous renseigner sur la moyenne des prix de vente et de location dans la zone que vous recherchez. Afin de creuser un peu plus les offres, vous pouvez regarder d'autres sites internet comme seloger, pap, paruvendu, bien ici, logic-immo ou encore des sites spécialisés comme monsieur parking, valopark ou encore parkagence pour Paris et sa région.

Lorsque vous aurez validé la demande et aurez une idée des prix de vente et de location, vous pourrez voir si cela vous intéresse ou pas. Je vous conseille de toujours prendre le scénario le plus pessimiste possible afin de faire vos calculs. Nous verrons un peu plus tard en détail les éléments à prendre en compte afin de déterminer si c'est une bonne affaire ou non. Par exemple, si une place de parking se loue entre 30 et 70 euros, prenez 30 euros comme référence et ce, afin de ne pas avoir de mauvaises surprises par la suite. En revanche, pour les prix de vente, prenez la moyenne. Autrement dit, si une place de stationnement se vend entre 3000 et 10 000 euros, prenez 6500 euros comme référence ce qui vous permettra de savoir si une place de parking est dans la tranche haute ou la tranche basse. Il faudra affiner ce prix en fonction de l'attractivité du quartier. Comme vous pouvez le voir, le but ici est d'avoir une première idée de la demande ainsi que du potentiel de rentabilité mais cela est loin d'être suffisant. Il s'agit de faire une première validation mais vous devrez ensuite vous rendre sur place afin de confirmer ou d'infirmer les informations que vous avez pu récolter. La deuxième étape se passe donc sur le terrain qui est, par ailleurs, votre meilleure école pour acquérir des compétences solides en immobilier. Rendez-vous dans le secteur que vous ciblez et commencez par observer autour de vous.

Dans la rue, vous pouvez apercevoir le nombre de places de parkings disponibles mais également le nombre d'horodateurs déterminant ainsi si la zone est payante ou gratuite. Si la zone est payante et que vous avez beaucoup de véhicules stationnés, c'est un bon signe. Lorsque vous avez même des véhicules qui sont mal garés par manque de place, c'est qu'il y a une réelle demande. Allez un peu plus loin et analysez le prix du stationnement ainsi que des abonnements résidentiels. Cela vous donnera plus d'informations sur le potentiel locatif car si les gens sont prêts à payer pour une place non attitrée, ils seront prêts à payer un petit peu plus pour avoir leur place privée.

Maintenant que vous êtes sur place, renseignez-vous auprès d'agences immobilières mais aussi de petits commerces. Ils vous diront si la demande locative est bel et bien présente. Les coiffeurs, les cafés et les boulangeries sont des endroits où les gens passent souvent et parlent beaucoup. Parfois, des annonces peuvent vous aider à dénicher de bonnes affaires, tout comme une conversation directe avec le commerçant. De plus, elles fournissent des données supplémentaires sur la demande locative dans votre région. Marchez un bon moment dans plusieurs rues car parfois, d'une rue à une autre, tout est totalement différent.

Vous savez, le type de parking va également jouer sur votre prix de location. Ce qu'il faut comprendre, c'est que la valeur de votre parking sera proportionnelle au niveau de sécurité. En effet, vous avez différents types de places de parkings :

la place de parking en extérieur

la place de parking couverte

la place de parking en sous-sol ou en étage dans un silo

Par conséquent, une place de parking couverte en intérieur aura plus de valeur qu'une place de parking en extérieur. De même, une place de parking avec un arceau se louera mieux qu'une sans rien. Il peut également y avoir une sécurité supplémentaire avec la présence d'un gardien ou des caméras de vidéosurveillance, mais aussi un grand portail solide et automatique pour entrer dans le parking s'il se trouve dans une copropriété. La difficulté à se garer dans un lieu sûr dans les villes à forte densité est présente, ce qui rend les parkings prisés par les automobilistes et l'investissement dans les stationnements très intéressant.

La dimension standard d'une place de parking est de 5m de longueur sur 2,50m de largeur. Si la place de parking peut accueillir des véhicules plus imposants comme des camions ou même des caravanes, elle sera encore plus recherchée par sa rareté. Or, tout ce qui est rare a une valeur et la valeur se paie. La pénurie dans les grandes métropoles valorise les emplacements de parking et limite la vacance locative par une forte demande régulière. Ce qui est avantageux, c'est que vous pouvez trouver des places de parkings à moins de 10 000 euros dans des villes moyennes, et que cela peut monter à plus de 20 000 euros dans de grandes agglomérations très denses, à l'instar de Paris. Vous pouvez gérer votre bien vous-même et la location est facilitée. Vous n'êtes, en effet, pas obligé de rédiger un bail écrit, un simple accord verbal suffit, mais je ne vous recommande pas de procéder ainsi. En cas de litige, vous seriez bien embêté. C'est d'ailleurs le cas de tous les types de biens que nous allons découvrir. Plus précisément, nous parlons de biens qui ne sont pas liés à des habitations.

# LES GARAGES ET BOXES

Tout d'abord, j'aimerais aborder un sujet qui est assez flou chez la plupart des personnes, à savoir la différence entre un garage et un box. Un garage est un emplacement dédié au stationnement d'un ou plusieurs véhicules. Le box, quant à lui, désigne un espace fermé par un mur et une porte. Je vous l'accorde, c'est presque la même chose. Il y a cependant des règles à connaître car nous ne pouvons pas faire ce que l'on veut dans ce type de biens selon leur configuration. Je vais parler de garage ou de box dans cet ouvrage pour désigner la même chose car la différence d'utilisation va plutôt se faire selon certaines caractéristiques que nous allons aborder dans ce chapitre. Contrairement aux places de parking, vous avez une clé lorsque vous faites l'acquisition d'un garage. Il y a donc ce sentiment de propriété.

Comme nous l'avons évoqué lorsque nous avons parlé des parkings, plus le niveau de sécurité sera élevé et plus votre bien aura de la valeur. Avec un box, vous avez une porte empêchant quiconque de pouvoir accéder à votre emplacement mais aussi de pouvoir observer ce qui s'y trouve. Mettez-vous à la place d'un éventuel locataire. Préférez-vous mettre votre véhicule dans une place de parking ou dans un garage fermé ? La réponse est évidente et le prix est également plus élevé car vous trouverez des boxes à en moyenne 15 000 euros selon la ville et à plus de 30 000 euros selon la taille et dans les grandes métropoles. La hauteur est aussi capitale car, contrairement à une place de parking, il faut que le véhicule puisse passer la porte et rentrer entièrement dans le box afin de pouvoir fermer la porte. La taille standard est celle des places de parking soit 5m de longueur et 2,50m de largeur mais je vous préconise de prendre des garages avec des dimensions plus grandes.

Pourquoi ? La raison est simple, une fois le véhicule dans le box, il est beaucoup plus agréable et appréciable de pouvoir ouvrir tranquillement ses portes plutôt que de devoir se coller sur un côté pour sortir de l'autre. Cela va augmenter le confort du locataire qui plus est, certains véhicules sont plus longs ou plus larges que d'autres. C'est notamment le cas des voitures break, des SUV, des utilitaires ou encore des grands monospaces. Or, c'est une partie des locataires potentiels que vous pourriez rater. Cela est toutefois à nuancer car le prix d'acquisition sera également plus élevé.

Analysez la demande comme vu précédemment avec les parkings et voyez s'il est préférable d'investir dans un box standard ou un plus grand. Selon votre capital initial, vous n'auriez peut-être pas le choix ou même l'envie de partir sur une surface plus grande. Je vous suggère de commencer petit afin de vous familiariser avec ce type de bien ainsi que toutes les démarches qui sont inhérentes à la recherche, l'acquisition, la location, l'entretien et l'optimisation. Un des avantages des boxes est de pouvoir à la fois l'exploiter en stationnement et à la fois en stockage. Les besoins en stockage ont explosé ces dernières années et il suffit de voir que des sociétés comme Homebox pour ne citer qu'eux ont récemment fleuri.

Cela signifie qu'il y a un réel marché et que les besoins sont importants. Un autre indicateur est la difficulté à se loger dans certaines villes, la petite taille des appartements et le nombre de logements en colocation. Dans les petites villes, les appartements sont plutôt grands, moins chers et les gens ont de la place pour stocker des affaires chez eux. Il y a aussi moins de colocations au vu des prix de location contrairement aux grandes villes où il est plus difficile de se loger ce qui oriente les locataires vers des chambres en colocation ou à louer des petits appartements. Cependant, il y a souvent des affaires que l'on veut garder pour plusieurs raisons. Sentimentalement, certaines choses ont de la valeur à nos yeux et s'en séparer est compliqué. Nous pouvons également avoir des affaires que l'on utilise occasionnellement ou saisonnièrement.

C'est le cas des outils, des affaires de plage, de montagne ou encore de bébé. Les particuliers ne sont pas les seuls intéressés par du stockage car les professionnels ont également ce besoin. En plus d'avoir une double utilisation, le box touche également une double catégorie de locataires potentiels. Les entrepreneurs individuels dans le bâtiment, tels que les maçons ou les électriciens, ainsi que les mécaniciens et d'autres métiers nécessitant du matériel professionnel pour exercer leur activité. Vous l'aurez compris, la demande et la sécurité sont beaucoup plus importantes qu'un parking, le prix de location suit et il est normal que le prix d'achat soit plus élevé.

Attention toutefois car vous n'avez pas le droit de faire du stockage dans tous les boxes. Pour le savoir, il y a plusieurs éléments à prendre en considération. Tout d'abord, si votre box se trouve en sous-sol ou sous des habitations, il n'est pas permis de faire du stockage. En effet, ces emplacements sont destinés exclusivement au stationnement de véhicules. Si le garage se situe en extérieur, le stockage peut être toléré. Il existe en réalité deux cas. Le premier est quand le box fait partie d'une copropriété. Il faut donc analyser le règlement de copropriété afin de récolter toutes les informations relatives aux garages. Pour en avoir le cœur net, n'hésitez pas à contacter votre syndic ou le conseil syndical.

Demandez simplement s'il y a des interdictions liées au stockage dans les boxes. Précisez qu'il s'agira d'affaires non inflammables ni dangereuses, et assurez-vous de les inclure dans votre bail. Le deuxième cas est lorsque vous n'avez pas de syndic. Le stockage est à ce moment-là toléré. Je tiens à vous mettre en garde sur le fait que beaucoup de personnes font du stockage en sous-sol ou sous des habitations en connaissance de cause. Je vous invite à respecter les lois et règlements en vigueur. En cas de problème, cela pourrait en effet avoir des répercussions néfastes sur vos locations. De plus, ce n'est pas parce que tout le monde fait quelque chose, que c'est forcément vrai, tout comme ce n'est pas parce qu'un mensonge est véhiculé par tout le monde qu'il devient véridique. Par conséquent, je vous recommande de vous orienter vers des garages en extérieur en vérifiant que vous avez la possibilité de pouvoir louer ce dernier en stockage afin de profiter de la double exploitation en stationnement et en stockage. De nombreux professionnels seront également intéressés en plus des particuliers. Vous aurez également un autre avantage, et pas des moindres, qui est de pouvoir accéder aux boxes plus facilement avec un camion ou un utilitaire car en sous-sol, vous serez limité par la hauteur. Ce point-là n'est pas à négliger car beaucoup viennent en camion pour des déménagements, pour récupérer des affaires professionnelles ou encore pour déposer des objets très volumineux. Voici les types de garages que vous pouvez trouver :

garage en extérieur (avec ou sans habitations au-dessus)

box en sous-sol

# LES CAVES

Venons-en maintenant aux caves et tout ce qui s'y apparente comme les remises, le grenier, les dépendances, le cellier ou encore un petit local. Il faut que la destination du bien, c'est-à-dire pourquoi le bien a été édifié au sens de l'urbanisme, permette de faire exclusivement du stockage comme c'est le cas pour les caves. Nous nous intéressons donc uniquement au stockage et nous ne parlons plus du tout de stationnement. Comme nous l'avons vu en parlant des garages, la demande de stockage est en plein essor. En parallèle, les nouvelles constructions disposent de moins en moins de caves. Ces biens-là deviennent rares et c'est là que cela devient intéressant pour nous.

Le prix d'une cave est généralement plus bas que celui d'un parking. Dans les grandes agglomérations, les besoins en stockage sont élevés et la croissance démographique ne fait qu'amplifier cette demande. Bien souvent, une cave est très peu valorisée pour une personne qui n'en a pas l'utilité et qui ne voit pas le potentiel locatif. Cela peut même devenir un fardeau car les personnes payent des charges, une taxe foncière et ne veulent pas s'embêter à la louer. Cela peut se produire lorsque la personne possédait un ou plusieurs appartements qu'elle a vendus sans les caves pour réduire le prix et accélérer la transaction, ou simplement parce que le nouvel acquéreur n'était pas particulièrement intéressé et ne souhaitait pas ajouter une charge supplémentaire. C'est exactement ce qui m'est arrivé une fois. Une famille détenait des appartements dans un immeuble et ils étaient partis s'installer dans une autre ville. Il ne restait plus que trois caves et elles étaient cédées pour 1 euro symbolique. Je devais prendre à ma charge les frais relatifs aux diagnostics obligatoires à savoir les diagnostics amiante, termites et risques naturels et technologiques. C'est la même chose pour les garages sans le diagnostic termite sauf dans des cas très rares où le DPE, diagnostic de performance énergétique est obligatoire en présence de système de chauffage ou de refroidissement. Aussi, je devais m'engager à payer l'état daté du syndic. Il faut savoir qu'un état daté coûte environ 350 euros et un diagnostic environ 150 euros. J'en avais finalement pour 500 euros.

J'aimerais souligner le fait que certaines personnes mettent des annonces à 1 euro mais que cela est uniquement fait dans le but d'attirer les personnes. Je ne trouve pas cette démarche loyale dans la mesure où, en définitive, la personne connaîtra le réel prix et sera peut-être déçue. Je devais également vider les caves car il y avait des affaires et, malgré plusieurs relances, personne ne s'était manifesté. J'ai sorti quelques affaires moi-même et j'ai mis ensuite la cave à un prix attractif en disant que c'était aux locataires de vider ce qu'il restait. De la même façon, un locataire trouvera son compte en vidant une cave et en ayant un faible loyer chaque mois. C'est donc une opération gagnant-gagnant.

L'inconvénient d'une cave par rapport à un garage est l'accessibilité. Il est évident qu'il n'est pas possible d'arriver avec un utilitaire et se garer devant une cave sauf dans le cas d'une remise en extérieur ou une dépendance. De la même façon, la taille d'une cave est plus petite même s'il existe de très grandes caves. Il faudra aussi veiller à la hauteur car les mètres cubes sont capitaux pour le stockage. Les cartons peuvent s'empiler en hauteur ce qui est très intéressant.

Les caves voûtées varient en fonction de leur taille et de leur accessibilité. De plus, leur configuration particulière fait que la hauteur n'est pas la même sur l'ensemble de la pièce. Plus elles sont grandes et aisément accessibles, plus elles sont précieuses. De même, le niveau de sécurité influence leur valeur : une cave avec une porte blindée se loue plus cher qu'une cave avec une simple porte. Cependant, l'humidité peut endommager les affaires, nécessitant des travaux si nécessaire. Ce principe s'applique également aux garages, surtout ceux en extérieur.

# LES ENTREPÔTS ET HANGARS

Dans la catégorie des hangars et des entrepôts, il y a aussi les très grands garages bien qu'ils soient rares. Ici, nous allons toucher des locataires qui sont plus professionnels et peu de particuliers. Les surfaces sont beaucoup plus grandes, permettant d'accueillir du matériel professionnel. Tout comme les biens que nous avons vus précédemment, les hangars et entrepôts permettent d'atteindre des rentabilités intéressantes comparées à l'immobilier résidentiel. Un hangar est partiellement ouvert alors qu'un entrepôt est fermé. Vous avez également la possibilité de fractionner la surface pour doper encore plus votre rentabilité si la surface le permet. La division en cellules ou en box de votre entrepôt vous permettra de pouvoir diversifier votre stratégie de location.

En effet, si la location à des professionnels ne fonctionne pas, vous pourrez vous rabattre sur celle aux particuliers. De plus, vous pourrez constituer des cellules de plusieurs tailles ce qui sera adapté pour différents types de projets de location comme des caravanes, des bateaux ou encore du garde-meubles. Le prix au mètre carré à l'achat est également très intéressant, ce qui vous permet d'optimiser l'acquisition d'autant plus que, pour ce type de biens, la concurrence est plus faible. Vous pouvez librement fixer le prix de votre loyer et mettre les charges et la taxe foncière à payer par le locataire. Et ce, par le biais d'un bail commercial ou professionnel ce qui n'est pas possible pour des places de parking, des garages ou des caves. C'est un élément supplémentaire vous permettant d'augmenter encore une fois votre rentabilité. Toutefois, il est plus long de trouver un locataire même si celui-ci y reste généralement un bon moment. C'est la raison pour laquelle les préavis sont d'environ 6 mois dans des baux commerciaux ou professionnels. Ce délai laisse le temps au propriétaire de chercher à nouveau un locataire de qualité.

Le stockage de toutes les matières dangereuses est possible en respectant des obligations. Cela permet ainsi d'élargir le potentiel locatif du bien. L'entrepôt a pour nécessité de disposer d'une chaufferie indépendante isolée par une paroi et un sas. Le bien devra être situé à au moins 20 mètres des habitations, des établissements recevant du public et des voies d'eau. Les secours sont contraints d'accéder aux lieux rapidement en cas d'incendie et cela doit être consigné dans le plan de défense incendie pour les surfaces au-dessus de 50 000 mètres carrés. Un système de détection d'incendie déclenchant une alarme est recommandé et obligatoire pour des surfaces supérieures à 6000 mètres carrés. Dans la majorité des cas, vous n'allez pas dépasser ces surfaces et ces informations vous sont utiles à titre informatif. Cependant, il est préconisé de mettre en place des éléments renforçant la sécurité et la prévention des incendies quelque soit la taille de votre bien.

L'explosion du commerce en ligne augmente la demande de ce type de biens. Il suffit de regarder le leader dans ce domaine, Amazon, avec de nouveaux entrepôts locaux qui sont apparus afin d'assurer une livraison rapide pour les clients prime par exemple. La digitalisation du commerce n'est plus une option et cela va contribuer à maintenir voire augmenter la demande. Les entrepôts n'ont pas besoin de travaux majeurs pour être mis en location. Ce sont les locataires professionnels qui réalisent leurs propres travaux afin d'automatiser leurs process ou l'optimisation de la surface s'ils en ont besoin. Il est important d'avoir de l'espace autour de l'entrepôt pour faciliter le chargement de gros véhicules comme des poids lourds. La force de ce type d'investissement réside dans ses possibilités de diversification, sa grande adaptabilité ainsi qu'à sa rentabilité enlevée. Veuillez noter toutefois que le ticket d'entrée est logiquement plus élevé que pour des parkings, des boxes ou des caves. Si vous souhaitez changer, il est possible de transformer l'entrepôt en atelier ou local d'activité. Dans ce cas, c'est le bail commercial qui s'appliquera et vous aurez un peu moins de flexibilité.

# LOCAUX D'ACTIVITÉS ET COMMERCIAUX

Les locaux d'activité désignent des locaux destinés à soutenir des activités de production, artisanale, de stockage ou de distribution. C'est un bien assez polyvalent qui se situe généralement dans les zones industrielles ou commerciales. C'est pour moi le meilleur investissement car il peut s'adapter à plusieurs projets professionnels et si votre local est de petite taille, vous pouvez également toucher une petite partie des particuliers recherchant de l'espace. Vous pouvez trouver des dénominations différentes telles que l'atelier par exemple mais c'est l'acte de propriété qui fait foi et détermine la destination exacte du bien. En complément, si le bien se situe dans une copropriété, le règlement de copropriété vous donne des indications supplémentaires. Le local commercial quant à lui, comme son nom l'indique, est dédié à une activité commerciale. Il y a aussi un troisième type de bien qui sont les locaux professionnels qui conviennent aux professions libérales réglementées ou non réglementées et sont régis par le statut des baux professionnels. En revanche, le prix d'acquisition est beaucoup plus élevé et je déconseille ce type d'investissement pour les débutants.

Malgré le fait que ce soit un très bon investissement et que ce dernier soit rentable, il y a également des risques importants. Par ailleurs, il se peut que vous attendiez longtemps avant de trouver un locataire qui vous convienne et dont le projet vous inspire confiance. Vous allez en effet accueillir un professionnel et le paiement de votre loyer va dépendre de l'activité de votre locataire. Si son activité ne fonctionne pas très bien, il se peut qu'il ait des difficultés à vous payer. Sélectionnez votre locataire avec soin. Je vous préconise de ne pas prendre une société nouvellement créée ou une start-up.

En effet, miseriez-vous sur une start-up ou sur une société générant un chiffre d'affaires stable depuis de nombreuses années ? La réponse paraît évidente mais on peut être tenté de choisir une start-up. Si vous arrivez à acquérir plusieurs locaux d'activités, et c'est ce que je vous souhaite, vous pourrez alors tenter l'aventure avec une nouvelle société et donner la chance à un nouvel entrepreneur. Vous aurez à ce moment-là diversifié le risque. Concernant les locaux d'activités, l'adaptabilité est également importante. Vous pouvez à la fois faire un côté bureau, un côté stockage et un atelier ce qui permet aux entreprises de centraliser leurs activités sans avoir besoin de louer d'autres surfaces. Tout comme les entrepôts, le prix au mètre carré restera intéressant même si le ticket d'entrée est élevé. Tout dépend également de la ville où vous vous situez car pour ce type de biens, l'emplacement est primordial. Certains voudront de l'espace et un accès poids lourds comme pour les entrepôts et d'autres voudront une visibilité sur un des axes les plus passants de la ville afin d'attirer leur clientèle. C'est le cas des locaux commerciaux et des locaux professionnels car si vous n'avez pas de visibilité, vous avez moins de clients et donc de chiffre d'affaires.

Les meilleurs emplacements sont appelés emplacements numéro 1 et sont plus chers que les autres emplacements. Plus on s'éloigne des emplacements numéro 1 et plus le prix de vente ou de location est bas. Attention toutefois car certaines entreprises peuvent se louer à elles-mêmes leur propre local avec un loyer élevé et le vendre ensuite ainsi pour augmenter le prix de vente de ce dernier. Selon les régions, vous pourrez avoir certaines spécificités comme une taxe sur les locaux ou une taxe sur les surfaces de stationnement à payer en Île-de-France. Vous l'aurez compris, que ce soit le local d'activité, le local commercial ou le local professionnel, ces biens ne visent pas le même type d'activité et de public.

Pour un local d'activités, il faut également respecter les normes de sécurité incendie, de stockage de substances polluantes ou l'utilisation de charges très lourdes par rapport au sol. Le local commercial quant à lui est soumis à des réglementations liées à l'accessibilité notamment des personnes à mobilité réduite, des normes en termes de sécurité incendie et des contraintes liées aux normes de construction. En définitive, cela permet d'assurer la sécurité des personnes et d'éviter de futurs problèmes autant pour le propriétaire que pour le locataire. Avec un bail commercial et l'accord du locataire, il est possible de mettre les travaux à la charge du locataire excepté ceux relatifs aux grosses réparations au sens de l'article 606 du Code civil. Sans accord avec le locataire, vous aurez par défaut les travaux liés à l'entretien du bien et également les travaux en cas de force majeure ou liés à la vétusté du bien. Sachez qu'il est également possible de mettre les charges de copropriété, s'il y en a, ainsi que la taxe foncière à la charge du locataire. Plus votre bien aura un emplacement privilégié et sera attractif aux yeux des entrepreneurs, plus vous pourrez mettre de choses à la charge du locataire.

Généralement, le local doit contenir de l'eau et de l'électricité. C'est le locataire qui réalise les travaux nécessaires aux besoins de son activité. En plus d'être plus rentable que l'immobilier résidentiel, ces éléments vont augmenter votre rentabilité et valoriser votre bien. Cela permet également d'accroître la plus-value à la revente. Ces biens sont encadrés par des baux spécifiques et nous reviendrons plus tard sur leurs spécificités. Ils permettent au locataire une pérennité dans la location vous assurant ainsi une certaine sérénité. Les locataires sont professionnels et le local leur rapporte de l'argent. Il n'y a pas de risque de squat contrairement à de l'habitation. Le preneur a souvent un fonds de commerce qui a de la valeur et que l'on peut saisir en cas d'impayés. De plus, les garanties sont solides. Il est possible de demander plusieurs mois de loyers en termes de dépôt de garantie. Sachez toutefois que si vous dépassez deux mois, cela est générateur d'intérêts pour le preneur.

# LES BIENS À PRIVILÉGIER ET COMMENT FAIRE UNE BELLE AFFAIRE

Maintenant que vous savez vers quels biens immobiliers vous tourner, nous allons plus précisément voir quels biens privilégier et comment faire une belle affaire. Ma recommandation personnelle serait de : commencer par les caves si vous habitez dans une grande métropole. Pourquoi les caves ? C'est actuellement le bien immobilier avec le ticket d'entrée le plus bas et qui est le plus sous-estimé. Vous pourrez à la fois entrer dans le monde de l'immobilier avec un très petit capital et vous familiariser avec toutes les démarches car que ce soit une maison ou une cave, la procédure est la même à quelques détails près. Vous profiterez également de l'essor du stockage et pourrez mettre en place votre toute première location. Celle-ci sera loin d'être parfaite et vous vous en rendrez compte avec le temps car plus vous allez avancer dans vos investissements, plus vous allez gagner en expérience et en compétences. L'idée est de vous apporter le maximum d'éléments pour vous aider à ne pas faire des erreurs que j'ai moi-même commises et vous faire gagner du temps.

Le plus important est que vous passiez à l'action car il y a un fossé entre avoir l'envie de le faire et le faire. Si vous habitez dans une ville plus petite où les besoins en stockage sont moins importants, vous pouvez vous orienter vers un garage en extérieur car les gens auront tout de même besoin de protéger leur voiture et certaines de leurs affaires volumineuses et de valeur. Aussi, vous pourrez profiter d'un prix d'achat plus bas que dans les grandes agglomérations. Lancez-vous donc avec ce premier achat avant de passer à la deuxième étape. Pour que vous ayez une vision claire, je vais vous résumer les étapes à suivre.

Premièrement, analysez la demande en fonction de votre situation géographique. Ensuite, trouvez la bonne affaire en cherchant sur internet et en vous rendant sur place. Mettez-vous d'accord avec votre vendeur. Faites une promesse de vente chez le notaire, ne vous inquiétez pas, il s'occupe de tout au niveau administratif et vous demandera les pièces nécessaires. Comptez environ 3 mois avant la signature de l'acte authentique avant que vous deveniez enfin propriétaire. Dans la foulée, mettez une annonce sur leboncoin et sur place dans les boîtes aux lettres, sur les voitures et dans les commerces de proximité. Ajustez votre prix de location si besoin. Vous devriez avoir votre premier locataire. Signez le bail et mettez en place vos conditions de paiement pour encaisser vos premiers revenus.

Nous parlerons à nouveau de l'acquisition, de la négociation et du bail. Une fois votre premier bien immobilier acheté, vous pourrez réitérer l'opération. Une fois que vous serez un peu plus expérimenté, vous pourrez réfléchir à la constitution d'une SCI ou d'une société par rapport à vos projets de vie afin d'optimiser vos investissements et aller sur des biens plus grands ou acheter des ensembles de parkings, garages ou caves. En achetant des biens plus grands ou des ensembles de biens plus petits, vous optimisez les frais de notaire proportionnellement aux mètres carrés ainsi qu'au prix d'achat unitaire. Méfiez-vous tout de même car, dans certaines villes, les vendeurs l'ont compris et, de par la rareté de ces lots, profitent pour augmenter leur prix de vente. Il se peut qu'après une ou deux opérations, vous vous rendiez compte que l'immobilier n'est pas vraiment fait pour vous. Faites donc les choses petit à petit mais passez à l'action. N'attendez pas la perfection au risque de ne jamais passer à l'action. Vous allez forcément faire des erreurs mais acceptez-les car vous apprendrez. Soyez résilient et relevez-vous pour recommencer. Plus vous avancerez et moins vous ferez d'erreurs. C'est une étape par laquelle vous allez passer et qui est un tremplin vers votre expertise et votre montée en compétences.

Lorsque vous aurez choisi le type de bien à acheter, il y a plusieurs éléments à prendre en considération pour que cela soit une bonne affaire. Étudiez le marché pour voir s'il y a de la demande, regardez sur les sites de petites annonces immobilières et rendez-vous sur place pour demander aux agences immobilières et aux commerces de proximité mais aussi en observant.

Lorsque vous aurez validé la demande, calculez la rentabilité de votre potentiel achat immobilier en prenant un prix moyen d'achat et de même pour la location. La rentabilité se calcule de la façon suivante : prix de location annuel / prix d'acquisition x 100.

Privilégiez les biens qui tournent autour de 7-10%. Par la suite, vous pourrez aller chercher des rentabilités plus élevées ou optimiser votre investissement. D'ailleurs, vous avez également la rentabilité nette de charges et de taxes et celle nette de charges, taxes et impôts. C'est cette dernière qui nous intéresse car elle va déterminer l'argent qui nous reste dans la poche après avoir tout payé. La tranche marginale d'imposition dépend de chacun et c'est cette référence qui est utilisée pour vos impôts sur les revenus fonciers.

Concernant les charges de copropriété et la taxe foncière, ce sont des éléments indispensables à prendre en compte lors de votre investissement. Le calcul de la rentabilité nette est le même sauf que vous retranchez le montant des charges et de la taxe foncière à votre loyer annuel. Le calcul est donc le suivant : (Loyer annuel - charges de copropriété - taxe foncière) / prix d'acquisition x 100. Plus la rentabilité nette se rapproche de la rentabilité brute, plus votre investissement est intéressant. Les biens hors copropriété sont intéressants car il n'y a aucune charge et s'il y a des travaux, vous les faites au moment qui vous convient. Toutefois, si vous avez un locataire en place, cela va générer de la vacance locative. Je vous suggère de commencer par des biens en copropriété. En plus de limiter la vacance locative due aux travaux, ces derniers ne seront pas entièrement à votre charge mais seulement un montant en fonction de vos tantièmes. Ils représentent le pourcentage que vous détenez dans la copropriété par rapport à votre bien et sa surface.

Généralement, les gros travaux sont anticipés dans les copropriétés. Avant d'acheter, demandez si de gros travaux, tels que le ravalement d'une façade, ne sont pas prévus dans les prochains mois. Consultez également les trois derniers procès-verbaux d'assemblée générale afin d'avoir une idée sur ce qui se passe dans la copropriété et ce qui est prévu dans les prochains mois afin que vous n'ayez aucune surprise lors de votre acquisition. De gros travaux non anticipés pourraient en effet réduire considérablement votre rentabilité. Il est essentiel de consulter le montant de la taxe foncière et des charges de copropriété afin de peaufiner votre rentabilité mais ce n'est pas le seul point. Il faut analyser le règlement de copropriété et ses modifications le cas échéant pour voir s'il n'y a pas de spécificités liées au bien que vous souhaitez acheter. Cela peut en effet entraver votre projet locatif. De la même façon, il se peut qu'il y ait des travaux à prévoir bien que, sur ce type de biens, l'entretien est minime. Le remplacement d'une toiture amiantée ou le traitement de l'humidité sont pour moi les pires travaux qu'il puisse y avoir dans un garage. Le remplacement d'une toiture amiantée doit suivre une procédure bien réglementée et est assez onéreux.

L'humidité quant à elle, peut endommager les affaires stockées. Il est indispensable de la traiter par une aération naturelle, mécanique type VMC et de mettre des éléments hydrofuges au sol et sur les murs. Il est également essentiel de vérifier s'il y a des fuites au niveau de la toiture afin de les boucher au plus vite. Dans certains cas, et dans de très petites copropriétés, vous pouvez avoir un syndic bénévole. Les frais sont très réduits et c'est un copropriétaire investi qui se charge de la gestion et de l'entretien de la copropriété. Il peut y avoir plusieurs membres qui se répartissent les tâches. C'est, selon moi, le meilleur compromis. Pensez à jeter un œil aux diagnostics et demandez au notaire de vous avertir s'il y a quelque chose d'alarmant dans votre projet d'acquisition immobilier. Le bien que vous allez acheter est parfois loué mais soyez vigilant.

Un mauvais locataire peut être la source de nombreux problèmes. Or, ce que l'on souhaite, c'est acheter de la tranquillité et non pas des soucis. Vérifiez depuis quand il est là et demandez s'il y a des retards de paiement ou des impayés et s'il est possible d'avoir des preuves de cela. Le mieux est de choisir vous-même votre locataire. Privilégiez ceux qui souhaitent rester de façon indéterminée, cela limitera fortement les vacances locatives. Au début, gérez votre bien vous-même car déléguer à une agence vous baissera votre rentabilité. Vous devez également connaître votre produit et être allé plusieurs fois sur le terrain avant d'envisager une éventuelle délégation en agence car cela occasionne des frais mais il est capital que vous connaissiez sur le bout des doigts votre bien.

De ce fait, vous saurez de quoi vous parlez lorsque vous échangerez avec votre interlocuteur et vous pourrez préciser votre demande en ajoutant ou en retirant des petits détails dans le contrat. Vous choisirez minutieusement une agence immobilière par rapport à votre expérience. N'hésitez pas à regarder les avis sur internet et à demander autour de vous. Si vous avez sympathisé avec un agent immobilier, il pourra également vous conseiller. Parlons dorénavant de la taxe d'habitation. Est-ce le locataire ou le propriétaire qui doit la payer ? Tout dépend de la situation. Si vous êtes propriétaire bailleur et mettez en location un garage, un emplacement de stationnement ou une cave, vous ne payez pas de taxe d'habitation.

Ici, nous parlons toujours de biens qui ne sont pas rattachés à des habitations. Concernant le locataire, il y a deux cas de figure. Le premier est lorsque le bien se trouve à moins d'un kilomètre de son domicile. Il sera alors redevable de la taxe d'habitation. Cette dernière a cependant été supprimée pour la majorité des ménages. En revanche, s'il se trouve à plus d'un kilomètre de son domicile, il n'aura rien à payer. C'est au propriétaire de notifier à l'administration fiscale les informations relatives à l'occupant au premier janvier de l'année en cours à savoir son nom, sa date et son lieu de naissance ainsi que son adresse.

L'emplacement est donc primordial pour le locataire. Ainsi, si vous avez plusieurs biens à proposer, conseillez-lui de prendre celui situé à plus d'un kilomètre de son domicile si toutefois vous en avez plusieurs. Cependant, lors de votre achat, vous devez en priorité choisir votre bien dans une zone où la demande est réelle. Pour les caves et les places de parkings, dites-vous que ce sont dans les zones denses qu'il y a beaucoup de demande dans un premier temps puis, vous pourrez peaufiner cela spécifiquement en fonction des quartiers sur internet et sur place dans un second temps. Privilégiez surtout les endroits que vous connaissez. Tout d'abord, l'endroit où vous habitez car vous le connaissez très bien.

Deuxièmement, cela peut être l'endroit où vous êtes nés et allez régulièrement pour voir votre famille. Enfin, la proximité est essentielle car, lorsque vous allez gérer votre bien vous-même, vous devrez vous déplacer surtout au début ou en cas de problèmes. Avec le temps, vous pourrez progressivement vous éloigner mais choisissez une zone selon votre capacité. Autrement dit, posez-vous la question : jusqu'où suis-je prêt à aller pour gérer mes biens ? Répondez sincèrement à cette question puisque cela va vous permettre de définir une zone de recherche et respectez-la rigoureusement. C'est une distance qui vous permettra de ne pas vous mettre dans la difficulté. Par exemple, vous pouvez vous dire que vous êtes prêt à aller à une heure de chez vous maximum. Lors de la mise en location de votre bien, que ce soit une cave ou un emplacement de stationnement, l'assurance pour vous ou votre locataire n'est pas obligatoire. Pour ma part, je ne la demande pas. En effet, ce n'est pas de l'habitation et je laisse le locataire faire comme bon lui semble en lui précisant que ses affaires sont sous sa responsabilité et que je l'inclus dans le contrat de location. Par ailleurs, dans certains cas, notamment pour les locaux d'activités ou commerciaux, il se peut qu'il y ait des restrictions liées au plan local d'urbanisme (PLU) de la mairie de la ville où se trouve le bien.

En effet, il est très probable que certaines activités soient prohibées et que vous ne puissiez pas faire ce que vous voulez avec votre bien. Autrement dit, vous devez, en plus de consulter le règlement de copropriété, consulter le PLU afin de définir le cadre exact dans lequel vous pouvez exploiter votre bien. N'hésitez pas à poser la question directement au service urbanisme de votre mairie. Enfin, méfiez-vous des sociétés qui vous appellent pour vous proposer des biens immobiliers car elles prennent une commission qui va baisser votre rentabilité et peuvent vous arnaquer. Il vaut mieux investir seul et apprendre afin de ne pas se faire avoir.

# COMMENT TROUVER UNE BONNE AFFAIRE ?

Dans ce chapitre, nous allons parler du côté pratique pour trouver une bonne affaire. Comme nous l'avons vu, vous avez internet avec les sites suivants : Leboncoin, Seloger, ParuVendu, Pap, Logic-immo, Bien ici mais aussi des sites spécialisés comme monsieur parking ou parkagence si vous habitez en région parisienne. Si vous êtes salarié, vous avez parfois un emplacement pour des petites annonces au sein même de votre entreprise. De la même façon, n'hésitez pas à discuter avec vos collègues en leur faisant part de votre recherche. Un de vos collègues pourrait avoir une petite cave ou une petite place de parking qui n'est plus utilisée et qui ne serait pas contre la vente de celle-ci. Parfois, il y a des personnes qui ne comptent pas vendre au départ mais c'est en leur proposant qu'elles se mettent à vendre leur bien. Élargissez votre recherche à tous les lieux que vous fréquentez, que ce soit un club de sport, une association ou encore un lieu culturel ou religieux.

Nous avons déjà parlé des agences immobilières, privilégiez celles qui sont les mieux notées sur Google. Lorsque vous vous rendrez sur place, vous pouvez faire un petit CV dans lequel vous vous présentez et mettez en avant vos recherches. Peu de personnes le font et cela permettra aux agents de se rappeler de vous. Faites des choses différentes si vous voulez des résultats différents. En effet, il y a déjà pas mal d'investisseurs qui sont en contact avec des agents immobiliers et qui leur disent de les appeler quand un bien qui correspond à leur recherche rentre dans leur agence. Parmi tous ces investisseurs, démarquez-vous. Vous pouvez par exemple offrir une boîte de chocolats à chaque fois que l'on vous propose une très bonne affaire. Cela fera plaisir à l'agent immobilier et le motivera à vous proposer une bonne affaire avant les autres. Vous construisez une relation de confiance et souvenez-vous, les relations humaines sincères et loyales avec les autres sont les plus importantes, que ce soit avec les professionnels, les locataires ou même dans votre cercle social et familial. En parlant d'agents immobiliers, ne négligez pas les agents mandataires indépendants. Parmi les groupes les plus connus, vous avez IAD

France, SAFTI, propriétés-privées, Capifrance ou encore Efficity qui a émergé ces dernières années. La liste n'est pas exhaustive et vous pouvez contacter bon nombre d'agents en listant les réseaux d'agents immobiliers indépendants. De plus, ces derniers sont généralement sectorisés et si vous ne vous adressez pas à la bonne personne, on vous renverra vers un collègue plus à même de répondre à votre requête. Petit à petit, vous allez commencer à constituer un réseau solide et dès qu'un bien entrera, vous en serez informé. Avant tout, il faut savoir ce que vous voulez afin de donner avec précision l'objet de votre recherche. Par exemple, si vous dites que vous cherchez des parkings dans la ville ou si vous dites que vous cherchez des garages uniquement en extérieur permettant à un camion de pouvoir manœuvrer et dans une zone précise, lorsque ce type de bien entrera, il y a des chances pour que l'on vous contacte en priorité car cela correspond exactement à ce que vous recherchiez.

Les notaires également ont parfois de bonnes opportunités. Ils sont quotidiennement en contact avec des acheteurs et des vendeurs. Il est possible que quelqu'un vende un immeuble et qu'il lui reste des caves ou des places de parkings. Aussi, ils peuvent être au courant de divorces ou de successions ce qui peut être très opportun pour vous. C'est notamment le cas de successions vacantes. Il s'agit de successions qui n'ont pas d'héritiers. Vous pourrez alors vous positionner dessus. Tous les interlocuteurs dans le monde de l'immobilier sont susceptibles de vous apporter de belles affaires. N'hésitez donc pas à les relancer. Si vous travaillez avec un artisan, il fera certainement d'autres chantiers que le vôtre. Glissez-lui un petit mot en indiquant votre recherche et dites-lui que s'il y a des travaux sur le bien, ce sera lui qui s'en occupera, ce qui présente un intérêt pour lui. Dans les copropriétés, vous pouvez vous rapprocher des syndics qui ont souvent une branche qui s'occupe de la commercialisation des biens. Sur place, allez voir les gardiens qui sont une mine d'or concernant les informations relatives à la résidence car ils y sont tout le temps. Ils pourront ainsi vous dire si un bien est en vente car ils en ont entendu parler mais également des détails sur la vie de la copropriété.

Vous avez beaucoup d'annonces de location et certaines personnes relouent automatiquement leur bien lors d'un préavis de départ. Cependant, des propriétaires pourraient être intéressés par la vente de leur bien. C'est exactement ce que j'ai fait pour l'acquisition d'un garage. J'avais repéré un garage avec un prix de location qui était, selon moi, inférieur au prix du marché. C'est souvent ce qui se passe quand des personnes gardent des locataires longtemps sans augmentation. Entre temps, le marché a évolué et le prix de location a augmenté. J'appelle donc le propriétaire, je me présente et je lui dis que je suis intéressé par l'achat de son bien. Surpris, il me dit qu'il ne s'attendait pas à cela. Après réflexion, il accepte en m'indiquant son prix. Il était de 10 000 euros et cela me convenait très bien compte tenu du secteur. Après avoir visité et épluché les éléments de copropriété pour ne pas avoir de surprises, j'ai donné mon accord pour l'acquisition du bien. Dans ce cas précis, il est difficile de négocier avec le vendeur car c'est lui qui vous apporte la bonne affaire. Si le prix de vente ne vous convient pas, remerciez-le et continuez à chercher d'autres affaires de la même façon.

En créant votre réseau et en recherchant des biens qui ne sont pas disponibles sur le marché, vous engagez une pratique appelée "biens off-market". Vous ne serez pas en concurrence avec les autres acquéreurs. Cela représente un avantage considérable car vous allez pouvoir mieux négocier votre bien. Effectivement, imaginez que vous voyez une superbe affaire sur leboncoin bien en dessous du prix du marché, pensez-vous être le seul à être sur cette opportunité ? Le vendeur quant à lui aura une avalanche de demandes et il sera très difficile pour vous de négocier. Si vous voulez cette affaire, il va falloir être le premier et parfois, lorsque vous connaîtrez avec exactitude le bien que vous recherchez, prendre le risque d'acheter sans avoir vu le bien. Je vous déconseille, cependant, de procéder ainsi si vous êtes débutant car c'est une méthode risquée.

Vous avez toujours la possibilité de vous désister dans les 10 jours mais, par honnêteté, je ne vous recommande pas de vous positionner sur un bien en ayant comme objectif de le réserver et de pouvoir se désister dans les 10 jours. Faites-le que si vous êtes vraiment sûr de prendre le bien au prix affiché. Déplacez-vous et rendez-vous sur place pour prospecter. Allez voir les commerces à forte affluence comme les boulangeries, les cafés, les coiffeurs ou encore les supérettes. Les gens discutent beaucoup dans ce type de commerces et vous pourriez récolter de précieuses informations. La plupart ont, en outre, un emplacement pour des petites affiches. Baladez-vous dans le quartier qui vous intéresse et, si vous vous sentez de le faire, demandez à quelques voisins des informations sur le quartier. Ils peuvent avoir des biens que vous recherchez en vente. Il y a parfois, dans les copropriétés, des personnes qui mettent des petites annonces.

Soyez observateur et acteur. Continuez votre balade et allez-vous procurer un petit journal dans lequel figurent des annonces. Demandez conseil à votre buraliste afin de savoir dans quel journal se trouvent le plus d'annonces. De moins en moins de personnes utilisent cette méthode mais des personnes âgées peuvent encore garder leurs anciennes habitudes. Ne négligez aucune piste mais hiérarchisez-les de la plus pertinente à la moins pertinente. Les enchères immobilières offrent des opportunités intéressantes. Il existe trois types d'enchères immobilières : les ventes judiciaires qui sont des ventes forcées devant le tribunal judiciaire, les ventes notariées qui, elles, sont volontaires et les ventes du Domaine qui sont des ventes des propriétés de l'État. Les ventes aux enchères judiciaires sont celles relatives à une liquidation ou une saisie notamment par des banques envers quelqu'un qui n'aurait pas payé son crédit. Si ce type d'achat vous intéresse, je vous conseille de bien analyser l'origine de la saisie afin d'être sûr que vous cautionnez la raison de celle-ci et ne la jugez pas injuste par rapport à votre éthique. Pour ce type d'enchères, vous devez obligatoirement vous faire représenter par un avocat. En tant que professionnel du droit, il vous donnera de plus amples informations sur la vente ainsi que sur les détails relatifs au bien.

Vous les trouverez dans ce que l'on appelle le cahier des conditions de vente. Le bien peut être toujours occupé par l'ancien propriétaire en tant qu'occupant sans droit ni titre. Ce sera ensuite à vous de trouver un arrangement avec lui. Il peut en outre il y avoir des hypothèques ou des servitudes. Une hypothèque est un droit accordé à un créancier pour garantir le paiement d'une dette. Une fois la dette remboursée, on effectue une levée hypothécaire et le bien n'a ainsi plus d'hypothèque. La servitude quant à elle désigne un droit immobilier prévu par le Code civil représentant une charge imposée pour l'usage et l'utilité d'un autre bien. Cela peut être une servitude de passage ou de vue par exemple. Les enchères notariées sont différentes dans la mesure où ce sont des offres d'achat de plusieurs acquéreurs potentiels qui sont mises en concurrence. Concernant les ventes du Domaine de l'État, il faut soumettre une offre et les services du Domaine choisissent la meilleure. Aussi, vous avez des sites web pour voir les biens qui sont en vente comme licitor pour les enchères judiciaires, immobilier.notaires.fr rubrique immo-interactif ou encore des sites comme encheres-publiques.com, vench.fr ou encore 36h-immo.com. Un nouveau type d'enchères inversées est disponible sur le site kadran.com avec un prix de départ décroissant.

Par ailleurs, vous avez des opportunités d'achat qui peuvent s'opérer dans le neuf avec pour avantage d'avoir des frais de notaire réduits comparés à l'achat dans l'ancien. D'une part, vous pouvez contacter des promoteurs immobiliers sur place ou sur le web pour savoir s'ils n'ont pas de biens qu'ils leurs restent en fin de programme. Avec cette méthode, vous obtiendrez des prix plus bas et plus facilement négociables car le promoteur aura vendu presque tous ses biens. D'autre part, vous avez aussi la vente en état futur d'achèvement (VEFA) qui vous permet d'acheter sur plan et de verser progressivement la somme. De plus, vous pouvez apporter quelques modifications comme la construction est en cours.

Les professionnels ont également des biens immobiliers en vente. C'est le cas de grands institutionnels comme par exemple AXA ou la BNP qui revendent régulièrement des biens. C'est un excellent moyen d'acheter un ensemble de plusieurs biens en une seule fois. D'ailleurs, parfois ces institutions ne veulent pas s'embêter avec des lots annexes et les liquident. Malgré toutes ces astuces pour vous aider à trouver la meilleure affaire possible, il se peut que vous n'ayez pas encore le capital nécessaire bien que vous brûliez d'envie de passer à l'action. Alors j'ai quelques astuces pour vous !

La première est de penser à l'échange. En effet, vous avez peut-être une voiture qui a de la valeur et vous n'envisagez pas de la vendre. Sacrifiez votre voiture si quelqu'un accepte de vous l'échanger contre une cave, une place de parking ou un box selon la cote à l'argus de votre véhicule. Vous rachèterez une autre voiture un peu plus tard. Ce raisonnement est valable pour tout ce que vous possédez qui a une valeur. Dans un second temps, vous pouvez participer dans une SCI en étant minoritaire selon votre capital avec des personnes plus expérimentées si vous en connaissez. Vous profiterez ainsi de l'expertise de votre associé et participerez de façon minoritaire proportionnellement à votre part dans la SCI. Vous pouvez, par ailleurs, racheter une part de SCI déjà existante.

Les associés de la SCI doivent donner leur accord lors d'une assemblée générale, ensuite signer l'accord de cession avant que les statuts soient modifiés et l'acte de cession enregistré. Vous devrez ensuite payer environ 3% du prix d'achat. À l'inverse, vous pouvez proposer votre expertise et vos compétences à quelqu'un en échange d'une part sociale de SCI ou en échange d'un bien qu'elle ne veut plus et qui présente de l'intérêt à vos yeux.

Ne vous sous-estimez pas car vos compétences intéresseront certainement des personnes et un échange de services contre un petit bien immobilier est envisageable. Reste alors à trouver la personne qui sera à la fois intéressée par vos services et qui à la fois aura un petit bien immobilier annexe à vous proposer. Vous pouvez par exemple, garder des enfants pendant une année scolaire, hors vacances scolaires juste après l'école. Vous pouvez aussi faire du ménage pendant une certaine durée ou de l'entretien de jardin. Vous l'aurez compris, l'idée est de mettre en avant vos compétences afin de les échanger contre un bien que vous convoitez et de faire vos premiers pas dans l'investissement immobilier locatif. N'ayez pas peur de faire des erreurs. N'oubliez pas, elles seront toujours formatrices et la meilleure des écoles est sur le terrain.

Lorsque vous avez un petit capital, vous pouvez proposer au vendeur une vente à terme ou crédit vendeur immobilier. Il s'agit de payer une partie de suite et le reste de façon échelonnée mensuellement. L'avantage pour l'acquéreur est que le bien est hypothéqué jusqu'à la fin de votre paiement et que les rentes qu'il percevra seront totalement défiscalisées car c'est un remboursement de capital. Ce type de contrat se fait chez le notaire et se base sur un accord commun entre le vendeur et l'acquéreur. Vous pouvez regarder les sites spécialisés comme René Costes ou proposer ce type de vente directement à un vendeur en exposant les avantages.

# PENSER AUX DIFFÉRENTES POSSIBILITÉS D'OPTIMISATION

Une fois que vous avez soigneusement sélectionné et acheté votre premier bien immobilier, vous pouvez l'optimiser de différentes façons. Si vous n'êtes pas à l'aise au début, essayez certaines de ces astuces un peu plus tard dans votre aventure. Si le bien que vous avez acheté est une place de parking, vous pouvez, selon la ville, diviser votre place de parking en traçant un ou deux traits et la louer à plusieurs motos. Vous augmenterez ainsi considérablement la rentabilité. De plus, lorsqu'une moto est stationnée dans un parking privé ou un box, les assureurs sont plus rassurés. Il se peut que certaines assurances soient plus strictes que d'autres en termes de conditions.

Toujours en restant dans les parkings, vous pouvez louer votre parking en courte durée notamment si votre place de stationnement se situe à proximité des gares et des aéroports. Vous pourrez considérablement accroître votre rentabilité s'il y a beaucoup de voyages. Beaucoup de personnes viennent en effet en voiture et la laissent durant toute la durée de leur séjour.

Vous pouvez également penser à cela si vous avez un grand terrain. Vous devrez vous positionner un peu moins cher que les professionnels pour être attractif. Les particuliers seront également rassurés d'avoir une place privée et de payer moins cher qu'ailleurs. Si, en étudiant le marché, vous vous apercevez que la demande est importante, il serait avantageux d'investir dans un ensemble de plusieurs places de parking. Vous pourrez avoir des locations d'une semaine, d'un mois ou de quelques jours. Variez avec des locations longues durées si vous souhaitez plus de passivité.

Si votre place de parking se situe en sous-sol, vous pouvez penser à la boxer. Il y a toutefois des règles à respecter et vous ne pouvez pas faire ce que vous souhaitez. La première des choses à faire est de demander l'accord de la copropriété en assemblée générale. Une fois que vous avez eu le feu vert, vous devez vous rapprocher des propriétaires des places mitoyennes à la vôtre. Vous devrez avoir leur accord pour mettre un mur au niveau de la ligne blanche du parking. En effet, la moitié de la ligne vous appartient tandis que l'autre moitié appartient au propriétaire voisin.

S'il refuse, vous serez obligé de mettre les murs sur votre moitié ce qui réduira l'espace de stationnement des véhicules rendant l'opération moins intéressante. Argumentez en disant aux propriétaires des places mitoyennes que la valeur augmentera. Une fois tous les accords obtenus, vous devez respecter certaines normes en termes de ventilation car la fermeture ne doit pas entraver la ventilation des gaz nocifs et inflammables ou il faudrait installer soit un système de ventilation soit un détecteur d'incendie. Il est en outre préférable que les murs soient en parpaing plein ou en béton cellulaire afin d'être en conformité avec la réglementation relative à la protection contre l'incendie des parcs de stationnement.

La dernière optimisation que vous pouvez faire est d'installer une borne de recharge électrique. De nos jours, les voitures électriques ou hybrides ont pris une place de plus en plus importante avec une incitation de l'État pour ce type de véhicule écologique. Cependant, analysez la demande avant par rapport au pourcentage de voitures électriques dans votre ville et aux personnes ne rechargeant pas leur voiture chez elles. Elles auront un double intérêt pour mettre leur voiture en sécurité et la recharger. Pour ce faire, vous devez faire une demande auprès de votre syndic pour une installation collective ou individuelle. Bien entendu, les frais d'installation seront à votre charge ou selon votre quote-part si cela passe par la copropriété.

Parlons maintenant des garages. Vous pouvez dans un premier temps le nettoyer et y installer des rangements pratiques ne gênant pas l'entrée d'un véhicule. En effet, vous devez toujours garder la polyvalence du bien car c'est un atout majeur. Mettez par exemple des étagères en hauteur si votre garage a une grande hauteur. De la même façon, vous pouvez mettre en place une mezzanine afin d'augmenter considérablement la surface de stockage. S'il n'y en a pas dans le box, vous pouvez ajouter de la lumière. Pensez aussi que vous pouvez installer une lampe rechargeable qui s'allume lors de la détection des mouvements.

Le fait de faire toutes ces petites améliorations vous permettra d'augmenter un peu votre loyer. Vous pouvez, par ailleurs, mettre votre bien sur des sites comme costockage.fr ou jestocke.com afin de multiplier vos chances d'avoir de potentiels locataires. Plus votre garage sera grand et plus vous pourrez toucher des prospects professionnels. Essayez donc de viser les garages les plus grands possibles lors de votre acquisition. Si vous arrivez à dénicher un garage qui soit assez grand, vous pouvez demander un changement de destination en local d'activité auprès de votre mairie.

Selon votre projet et la taille de votre garage, cela va nécessiter une demande de travaux préalable ou une demande de permis de construire. Vous devez ensuite constituer votre dossier avec toutes les pièces demandées et l'envoyer à la mairie pour l'instruction. Vous recevrez une réponse dans un délai d'environ 2 mois. Si c'est positif, vous pourrez ensuite procéder à votre changement de destination. Veillez à respecter le PLU car en cas de suppression d'un garage, vous devrez peut-être compenser avec une place de stationnement. Cela aura bien évidemment des conséquences sur la valeur cadastrale de votre bien et votre taxe foncière va augmenter. Vous devrez en informer l'administration fiscale. L'avantage est l'augmentation du loyer, la conservation de la polyvalence stockage/activité et l'augmentation de la rentabilité.

Les biens atypiques peuvent être une option intéressante également lorsque vous voudrez diversifier vos investissements soit en changement de destination soit en les exploitant tel quel. C'est le cas des granges, des chambres de bonnes dans les grandes métropoles ou encore des loges de gardien. Si votre projet est un changement de destination, il est essentiel de le spécifier lors de la signature de votre compromis. Plus précisément, vous devrez ajouter une condition suspensive pour pouvoir vous retirer de la vente sans aucun frais de votre part. Cela vous laissera le temps d'entreprendre vos démarches inhérentes au changement de destination et de pouvoir vous désister tranquillement si le projet n'aboutit pas.

Si vous avez un local commercial, vous pourrez éventuellement le louer tout équipé ce qui vous permettra de bénéficier d'une fiscalité avantageuse. En effet, vous serez imposé sous le régime des bénéfices industriels et commerciaux et non plus des revenus fonciers. Vous devez fournir à votre preneur tout ce dont il a besoin en termes de meubles, matériels et équipements pour exercer son activité dès la remise des clés. Vu le coût du matériel, ce type de location est en général adopté par les bureaux car il y aura moins d'équipements à acheter mais rien ne vous empêche de le faire pour un petit local commercial. Vous pourrez amortir les frais d'acquisition, le mobilier et l'immobilier réduisant ainsi fortement votre assiette imposable et donc votre imposition. De plus, en cas de revente, vous êtes exonéré d'impôts sur la plus-value si le montant n'excède pas 90 000 euros et bénéficiez d'une exonération partielle si le montant est compris entre 90 000 et 126 000 euros à condition d'avoir conservé le bien plus de 5 ans. Une dernière option est de construire un entrepôt, des garages ou un local d'activités sur un terrain si le prix est attractif. Vous devez vous assurer que le terrain permette de répondre à votre projet. Pour cela, je vous recommande de vous faire accompagner par un professionnel.

# LA NÉGOCIATION

Avant d'entamer toute négociation, votre projet doit être clairement défini afin que vous sachiez exactement ce que vous recherchez. Si ce n'est pas le cas, je vous invite à prendre le temps de le faire car c'est une étape cruciale. Cela vous permettra d'avoir une ligne directrice et un but clair. Je vais d'abord aborder un cas où il ne faut pas négocier. Si vous êtes sûr que le bien que vous visitez est une excellente affaire et êtes persuadé que le vendeur est noyé sous les appels, positionnez-vous rapidement sur le bien. Dans le cas contraire, quelqu'un d'autre le fera à votre place. Ceci dit, ce n'est pas tous les jours que vous aurez ce type d'opportunité car ce sont en général des anomalies de marché. Autrement dit, le bien est anormalement en dessous du prix du marché pour x ou y raison.

Si vous n'êtes pas dans cette situation, je vous suggère de toujours visiter les biens, surtout au début. En vous rendant sur place, vous pourrez échanger avec le propriétaire et explorer les alentours. Venez toujours à l'avance pour analyser l'environnement dans lequel se situe le bien et éventuellement récolter de précieuses informations utiles pour la négociation. Par exemple, il se peut que le quartier soit mal fréquenté ou qu'au contraire la zone soit déserte à certains moments ce qui aura assurément un impact sur les locations.

Posez des questions aux commerçants, aux voisins ainsi qu'au gardien s'il y en a un. Vous allez également avoir une première impression dans la ville si vous ne la connaissez pas et particulièrement dans le quartier. Fiez-vous à votre feeling si, à la suite de votre visite, vous avez encore des doutes. Armez-vous d'un maximum de données en épluchant l'annonce, sur place et après les échanges avec le vendeur ou son agent immobilier. Vous voilà prêt pour le rendez-vous. Visitez et gardez le silence. Posez peu de questions, mais des questions ciblées.

Il faut que vous cherchiez à vous mettre à la place du vendeur afin de comprendre la raison de la vente. Posez-lui la question : Pour quelles raisons vendez-vous ? S'il y a un agent immobilier, il peut vous donner des pistes car c'est dans son intérêt de vendre et de trouver un compromis entre le vendeur et l'acquéreur. Ne pensez pas que, parce que l'agent immobilier prend une commission, les prix seront forcément plus élevés. C'est un professionnel de l'immobilier qui est sur le terrain et qui connaît bien les prix du marché. Vendre plus cher, c'est attendre plus longtemps pour sa commission. Il conseillera certainement son client en lui disant que son bien va mettre des mois à se vendre.

Observez et ne posez pas de questions pour des choses qui sont visibles. Ne commencez pas par pointer un défaut mais plutôt par un compliment sur le bien que vous visitez. Le vendeur sentira que le bien qu'il a possédé a de la valeur. Essayez de construire une relation de confiance, sympathique et sincère avec le vendeur. Ne négociez pas trop car trop négocier peut vous faire perdre une belle affaire. Le vendeur peut en effet se braquer en ressentant que vous voulez le bien quasi gratuitement à ses yeux et qu'indirectement il n'a aucune valeur. Discutez un peu de tout pour en savoir un peu plus sur lui sans être trop intrusif. Par exemple, vous pouvez demander s'il aime le sport car vous avez remarqué qu'il portait un t-shirt de football. En trouvant des points communs, la complicité va s'installer et l'échange sera plus facile et plus fluide. Parlez aussi de vous en mettant en avant vos similitudes. Une fois cette étape réussie, vous pourrez, à ce moment-là, introduire un petit défaut dans la discussion qui pourrait vous faire gagner quelques euros. Vous pouvez lui demander s'il connaît le prix pour traiter l'humidité. En posant cette question, vous lui dites en même temps que son bien en contient sans le dire explicitement.

Sachez que la négociation est basée sur la relation humaine car si le vendeur ne veut pas vous vendre le bien, il pourra vendre à quelqu'un d'autre même à un prix plus bas. Valorisez le bien et le vendeur en mettant en avant des points positifs. Il est totalement inutile de répéter les défauts d'autant plus qu'il est censé les connaître. Le vendeur a déjà certainement un prix plancher en tête en dessous duquel il ne descendra pas. Une fois arrivé à cette limite, le but pour vous est de légèrement descendre plus bas. Lorsque vous connaîtrez ses motivations, cela sera plus simple.

La dimension psychologique est capitale. Restez toujours calme pendant toute la négociation sans montrer vos émotions. Avec les éléments que vous aurez relevés, faites une proposition écrite. Préparez en amont une offre d'achat en mentionnant votre nom, prénom, date et lieu de naissance, adresse et en disant que vous vous engagez à acheter le bien, en paiement comptant avec justificatifs à l'appui si besoin. Cela va prouver votre honnêteté et votre bonne foi. Il évitera de perdre du temps avec un éventuel refus bancaire d'un autre acquéreur et de devoir tout recommencer à zéro 2 mois après. Sympathisez avec lui, il saura que ce ne sera pas le cas avec tout le monde. Selon vos compétences, n'hésitez pas à lui offrir un produit ou un service en cadeau pour le remercier par avance de sa coopération et lui montrer tout votre respect et votre gratitude envers lui. Lorsque j'avais acheté un local d'activité en vente à terme, nous avions sympathisé et je lui avais donné des conseils sur son hygiène de vie et il m'avait offert du café. Malgré tout, il se peut que le vendeur refuse et vous fasse une contre-proposition. Faites-en de même mais ne coupez pas la poire en deux sauf dans le cas où vous avez quasiment gagné la négociation.

Après avoir réussi à négocier avec le vendeur ou l'agent immobilier, vous pouvez encore négocier sur deux points. Le premier est la commission de l'agent immobilier mais ne vous attendez pas à une grosse négociation lorsque cela sera possible. Le deuxième est le non-remboursement du prorata des charges et de la taxe foncière lors de la signature de l'acte. Par exemple, si vous achetez à la moitié de l'année, il est d'usage que vous remboursiez l'autre moitié au vendeur le jour de la signature mais cela n'est pas obligatoire. Le même raisonnement s'applique pour les charges de copropriété sauf qu'elles se calculent généralement trimestriellement. Une autre méthode consiste à proposer une offre acte en main autrement dit il s'agit d'une offre incluant les frais de notaire à la charge du vendeur. Sur le coup, le montant sera plus élevé mais en réalité il est plus bas que ce que vous allez annoncer. C'est un effet psychologique intéressant.

Imaginez un ensemble de 5 garages à 75 000 euros. Vous proposez au vendeur de le prendre au prix de 75 000 euros acte en main. Il se peut que le vendeur se dise qu'il les prendra en charge et qu'il aura vendu son bien. Attention tout de même car cela ne vous dispense pas d'appliquer les précédentes astuces. La dernière chose que vous pouvez faire lorsque vous allez travailler régulièrement avec un notaire, c'est de lui demander s'il peut faire une toute petite remise sur ses émoluments. Pour rappel, ce que l'on appelle les frais de notaires sont composés des frais, de taxes, de débours et des émoluments du notaire représentant sa rémunération.

Je vous déconseille toutefois de négocier avec votre notaire si vous n'avez pas construit une relation de confiance avant au vu du nombre de clients qu'il doit recevoir quotidiennement. N'hésitez pas à lui apporter des petites attentions comme sa boisson préférée ce qui lui fera plaisir et il sera plus apte à faire un geste en votre faveur par la suite étant donné que vous en avez fait un facultatif. Donnez sans attendre en retour car lorsque vous donnez, automatiquement la personne va se sentir redevable envers vous. Mettez toutes ces astuces en place et commencez par celles avec lesquelles vous êtes le plus à l'aise.

# DÉROULEMENT DE L'ACQUISITION

Nous allons voir en détail comment se passe une acquisition car cela peut être un peu flou pour vous. Une fois la bonne affaire trouvée, plusieurs possibilités s'offrent à vous. Si vous passez par une agence, cette dernière rédige généralement un compromis de vente dans lequel sont inscrites les conditions de la vente. C'est dans ce document que vous pourrez inclure d'éventuelles conditions suspensives. Vous vous souvenez, c'est une condition qui vous permet de pouvoir vous rétracter de la vente sans aucun frais. Si vous ne le faites pas et que vous vous rétractez, vous devrez payer des frais conformément à ce qui sera écrit dans le contrat.

Généralement, ces frais sont de l'ordre de 5 à 10%. Vous avez également les coordonnées du notaire, le décompte des charges et de la taxe foncière ainsi que les diagnostics techniques obligatoires. Sachez toutefois que vous avez un délai de rétractation de 10 jours et que si vous décidez de vous rétracter avant ce délai, aucun frais ne sera à votre charge. Le compromis de vente engage les 2 parties. On parle de contrat synallagmatique. La promesse de vente quant à elle est un contrat unilatéral qui n'engage que le vendeur. L'avantage pour l'acheteur est qu'il peut poser une option sur le bien. En revanche, il est d'usage de déposer un séquestre lors de la signature d'un compromis ou d'une promesse de vente comme gage de garantie mais cela n'est pas obligatoire et se négocie.

Lorsque vous voulez gagner du temps et de l'argent, il est possible de réaliser une vente directe sans compromis ni promesse. Ce type de vente peut se faire pour les caves, les parkings ou les garages. Cependant, le vendeur tout comme l'acquéreur peut se rétracter à tout moment sans frais, d'où l'importance, encore une fois, d'entretenir de bonnes relations avec votre vendeur mais aussi avec votre acheteur si vous décidez de vendre demain.

Ainsi, je ne vous conseille pas de faire de vente directe au début car vous avez besoin de construire votre patrimoine sur des bases solides. Cela vous donnera confiance en vous. Il est donc inutile, à mon sens, de prendre des risques trop importants lorsque vous débutez. Lorsque vous serez avancé, vous pourrez procéder ainsi pour quelques-unes de vos opérations. Ceci dit, pendant toute la durée de la vente, restez à l'affût des bonnes affaires car vous devez garder à l'esprit que le vendeur peut se désister à tout moment. Si cela arrive, vous n'aurez aucune surprise car vous vous y serez préparé et, en faisant une vente directe, vous signez en connaissance de cause. Toutefois, si la vente aboutit, cela vous fera faire une économie. Par contre, si vous passez par une agence, le compromis sera inclus dans les frais d'agence sans coût supplémentaire pour vous. Si l'agent immobilier vous trouve un bien via un mandat de recherche, les frais de notaires peuvent être dissociés du prix de vente, ce qui vous réduira les frais de notaire.

Une vente ne se fait pas de suite. Il faut compter en moyenne 2 mois avant de pouvoir signer l'acte authentique. Cette durée correspond au délai de préemption de la mairie. En effet, elle a la priorité sur tous les biens qui sont en vente et a le droit d'acheter le bien à votre place si elle en a besoin. Pendant cette période, profitez pour demander des informations complémentaires si besoin et rendez-vous à nouveau sur les lieux, notamment juste avant la signature de l'acte authentique. Le notaire, quant à lui, profite de ce délai afin de constituer le dossier et de récolter l'ensemble des pièces nécessaires. Il vous demandera des informations vous concernant dont votre état civil et un questionnaire à remplir. Passé ce délai, le notaire vous propose une date de signature. Vous devez aussi faire le virement de la somme à l'étude notariale au moins 48 heures avant le rendez-vous de signature. Vous recevez une convocation avec le détail des frais et le décompte des charges et taxes. Lors du rendez-vous, le notaire lit l'acte et répond à vos questions. À la fin, vous signez et récupérez vos clés. Félicitations !

## TROUVER UN BON LOCATAIRE

Un bon locataire est primordial pour éviter les vacances locatives, mais également les éventuels problèmes. Nous allons parler de plusieurs méthodes pour trouver un locataire et nous verrons dans un second temps les critères à prendre en considération pour sélectionner votre locataire. La première des choses à faire est de prendre de belles photos de votre bien et de le mettre en valeur. Prenez un appareil photo avec une bonne résolution. N'hésitez pas à demander à votre famille ou à vos amis.

Prenez la photo le jour et par temps plutôt ensoleillé. Mettez ensuite votre annonce sur les sites de location comme leboncoin et seloger et, le cas échéant, sur des sites spécialisés tels que monsieur parking ou jestocke.com. Faites une description complète qui montre les avantages de ce dernier. Parlez de la sécurité, de la proximité des transports, des axes autoroutiers, de l'accessibilité, de la polyvalence du bien, de la facilité à pouvoir manœuvrer ou encore de la taille de votre bien. La liste n'est pas exhaustive mais vous avez compris l'idée. Les locataires potentiels doivent pouvoir vous contacter par téléphone. Généralement, des annonces sur internet suffisent à trouver des locataires. Si ce n'est pas suffisant, rendez-vous sur place afin de déposer des petites annonces dans les résidences, les voitures et les commerces à proximité. N'hésitez pas non plus à en faire part à tous les interlocuteurs avec qui vous avez échangé lors de votre recherche de biens comme le notaire, les agents immobiliers, le gardien ou encore les voisins. Vous pouvez aussi vous tourner vers les gestionnaires et administrateurs de biens si vous souhaitez déléguer votre location. Ce sont ensuite eux qui s'occuperont de tout. Toutefois, gérez-vous-même votre bien au départ pour gagner en expérience et avoir des attentes précises si vous déléguez plus tard.

Une dernière astuce consiste à regarder les annonces de demandes dans la rubrique immobilière sur leboncoin. Certaines personnes mettent en effet des annonces pour faire part de leurs demandes. Vous pourrez trouver de potentiels locataires. Maintenant que des personnes commencent à vous contacter, comment faire pour sélectionner le locataire idéal ? Vous allez devoir vous baser sur des éléments factuels mais je vous recommande également de grandement vous fier à votre instinct.

Ce sont les premières secondes avec votre interlocuteur qui vont vous donner une première impression. Si celle-ci est mauvaise, il se peut qu'elle soit justifiée par quelque chose même si vous ne le trouverez pas sur le moment. Puis, si vous ne sélectionnez pas ce locataire, vous n'aurez aucun regret. Dans le cas contraire et en cas de problèmes, vous vous en mordrez les doigts. Par ailleurs, il y a un certain nombre de pièces à demander afin de choisir la personne idéale pour louer votre bien. Vous devrez demander la pièce d'identité de la personne, son justificatif de domicile ainsi qu'un dépôt de garantie équivalent à un mois de loyer. Concernant la pièce d'identité, elle doit obligatoirement être en cours de validité.

Le justificatif de domicile, quant à lui, doit être la dernière quittance de loyer de préférence, l'assurance habitation, la dernière facture d'énergie, électricité ou gaz ainsi que la dernière facture de la box internet. Vérifiez bien que ces documents soient à jour. Offrez la possibilité à la personne de vous envoyer les documents par mail. En discutant avec la personne, vous pourrez mesurer sa réactivité et son sérieux. Vous verrez que certaines personnes vous enverront l'intégralité des documents rapidement tandis que d'autres vous enverront la moitié et vous devrez les relancer pour qu'ils vous envoient d'autres documents. Si votre demande a été claire, vous pouvez d'ores et déjà faire un premier tri. Demandez également la situation professionnelle et matrimoniale de la personne sans être intrusif. Quelqu'un qui a un haut revenu, qui est stable avec une famille est à privilégier à une personne seule avec des emplois temporaires.

La situation de la personne ne fait pas tout. Des personnes très aisées peuvent ne pas vous payer votre loyer même si cela peut paraître contre-intuitif à premier abord. Aisé ne veut pas dire honnête et la personne peut également avoir des dettes qui dépassent son niveau de revenus. Donnez ensuite rendez-vous aux personnes que vous avez choisies avec un quart d'heure de décalage, les visites étant généralement très courtes. Les locataires se croiseront peut-être et sentiront que le bien est convoité et qu'il y a de la concurrence. La ponctualité de chaque personne ne doit pas vous échapper. Une personne qui veut réellement le bien vous proposera un rendez-vous le plus tôt possible et sera à l'heure voire en avance. Cela vous permettra de faire un deuxième tri.

Néanmoins, il se peut que certaines personnes aient un empêchement et, si elles s'excusent auprès de vous avec courtoisie, vous pourrez leur donner une autre chance car vous devez tout de même rester humain et empathique. Dites-vous que ce sont des situations qui peuvent vous arriver. Cela me permet de faire la transition avec le troisième point qui est la façon dont vont s'exprimer les personnes à votre égard. Les personnes qui vous tutoient comme si vous étiez leur ami ou un membre de leur famille sont à écarter. Cela crée une relation amicale et non professionnelle et, en cas de problème, on vous dira que ce sera réglé mais que ce n'est rien car vous êtes devenu en quelque sorte un ami. Vous pouvez alors faire un troisième tri et privilégier les personnes qui s'expriment correctement et qui vous vouvoient avec considération. Ensuite, vous pourrez effectuer un autre tri en prenant en compte la proximité géographique de la personne avec le bien ainsi que l'utilisation prévue par celle-ci. Par exemple, si la personne ne compte pas respecter la destination du bien et le règlement de copropriété en faisant de la mécanique dans son box, vous devrez refuser car c'est une activité. De la même façon, si une personne habite trop loin, il se peut qu'elle ne reste pas longtemps du fait de la difficulté à réaliser les trajets. N'hésitez pas à appeler un ancien propriétaire ou employeur pour attester du sérieux de la personne en cas de doutes.

# SÉCURISER SA LOCATION

Dorénavant, vous avez investi et choisi votre locataire. Je vous dédie ces lignes de mon livre pour vous féliciter, continuez ainsi ! Vous devrez maintenant sécuriser votre location. Lors de la demande des documents, il faut également demander un dépôt de garantie équivalent à un mois de loyer. Si vous avez un local d'activité, vous pouvez, en complément, demander à une personne de se porter garant. En général, si la personne loue au nom d'une société, c'est la personne physique qui se porte garant pour sa propre société. Cela vous permettra de pouvoir saisir la personne en cas de faillite après des démarches administratives bien définies.

En effet, vous devez relancer la personne par courrier avec accusé de réception, envoyer un commandement de payer, puis passer par un huissier le cas échéant qui vous accompagnera pour la suite des procédures. Demandez également la dernière fiche de paye. Vous verrez quel revenu perçoit la personne mais également l'adresse de son employeur. En cas de difficulté, vous pouvez vous rendre chez le locataire pour engager une discussion en vue de l'arrangement de la situation. Si cela ne porte pas ses fruits, vous pouvez échanger avec son employeur et expliquer la situation.

La situation pourra éventuellement se débloquer. Parfois, lorsque certaines personnes sont en difficulté de paiement, il vaut mieux récupérer rapidement les clés et passer à un autre locataire plutôt que de perdre du temps avec le locataire actuel. D'ailleurs, dans votre bail, vous pouvez ajouter des éléments et des clauses pour vous protéger. Lorsque le locataire va saisir ses coordonnées, ajoutez un espace dédié pour les informations d'une personne à contacter en cas d'urgence. Cette astuce a deux intérêts. Le premier est de contacter rapidement quelqu'un si quelque chose de grave se passe. Le deuxième consiste à contacter cette personne si votre locataire devient injoignable. Par ailleurs, certains peuvent cesser de répondre au téléphone malgré plusieurs relances, et cela peut être dû à diverses raisons. Le locataire est probablement dans la difficulté et ne veut pas vous en parler, il est peut-être malade, à l'étranger ou encore occupé par un triste événement familial. Soyez patient un petit moment, vous aurez certainement une réponse. Concernant les clauses, vous devrez mettre des clauses encadrant la location par rapport au respect du règlement de copropriété et aux lois en vigueur, par rapport à l'exploitation du bien conformément à sa destination et insérer une clause résolutoire. Une clause résolutoire est une clause qui vous permet de pouvoir résilier le bail de plein droit en cas de non-respect des obligations contractuelles stipulées dans le bail ou en cas de non-paiement du loyer. C'est une clause indispensable à tous vos contrats et vous ne devez pas oublier de l'inclure dans vos baux.

S'il s'agit de stockage, prenez vos précautions et encadrez-le en interdisant tous les produits dangereux, inflammables, illégaux, toxiques, chimiques et alimentaires. En effet, les produits alimentaires sont susceptibles d'attirer des rats ou d'autres petits animaux de ce type. En ce qui concerne le prix de votre loyer, ne l'augmentez pas chaque année car ce sont des petits loyers sauf dans le cas d'entrepôts et locaux. Dans ce cas précis, vous pouvez choisir d'augmenter votre loyer en effectuant une révision annuelle ou triennale basée sur l'indice des loyers commerciaux ILC ou l'indice des loyers des activités tertiaires ILAT selon ce qui est le plus avantageux pour vous et selon la nature de l'activité exercée.

Je vous recommande, pour les petits biens, de ne revoir le loyer à la hausse qu'à chaque changement de locataire, sauf en cas d'augmentation significative de la taxe foncière ou des charges de copropriété. Pensez à déclarer vos locataires sur impots.gouv.fr dans la rubrique biens immobiliers vos locataires chaque année au moment de déclarer vos revenus en vous munissant de vos baux.

# LES BAUX ET QUITTANCES

Pour vos locations, vous aurez le choix entre différents types de baux. Il est important de les connaître afin de faire votre choix en fonction de votre projet de location car cela va permettre de poser un cadre. Commençons par le bail civil que je vous préconise d'utiliser pour les caves, parkings, garages et boxes. Il offre une liberté et une souplesse très appréciable car il est régi par le Code civil. Il n'y a pas de formalisme à respecter et vous pouvez mettre les durées qui vous conviennent, les garanties souhaitées et des clauses particulières telles que la clause résolutoire. Je vous conseille vivement de mettre une clause résolutoire généralement présente dans les baux, une clause engageant le locataire à respecter le règlement de copropriété et les lois en vigueur ainsi qu'une clause engageant le locataire à respecter l'usage du bien conformément à sa destination et à ne pas utiliser de produits dangereux, inflammables, toxiques, alimentaires ou illégaux.

En effet, le bail étant libre, c'est à vous de le consolider afin de vous protéger. N'oubliez donc pas ces clauses importantes. Il peut également se faire avec une entreprise ou une association. Complétez ensuite votre bail par un état des lieux afin de ne pas avoir de surprises le jour où le locataire partira car cela peut être, dans certains cas, dans très longtemps. Le bail écrit n'est pas obligatoire mais je vous recommande de toujours le faire afin d'encadrer la location et les obligations contractuelles. Si le locataire ne souhaite pas faire de contrat écrit, je vous recommande de ne pas lui louer votre bien car il ne souhaite pas s'engager. Or, vous avez besoin d'une location pérenne. Vous pouvez trouver un modèle de bail de location sur le site jelouebien.com en version Word afin de pouvoir le personnaliser avec vos informations personnelles et en modifiant ou ajoutant ce qui vous intéresse.

Si vous mettez en location un entrepôt, un hangar, un local d'activités, un local commercial ou un bureau, vous pouvez opter pour d'autres types de baux qui sont les baux commerciaux et les baux professionnels. Les avantages de ces baux sont qu'ils sont plus longs que le bail civil, qui lui ne peut pas excéder 9 ans mais les gens ne s'engagent pas pour d'aussi longue durée. Ils respectent également un certain formalisme. Le bail commercial, appelé également bail 3/6/9, est d'une durée de 9 ans ou plus. Il est en effet possible de résilier le bail chaque 3 ans avec un préavis de 6 mois. Le bail professionnel, quant à lui, est d'une durée minimale de 6 ans et est plus adapté pour les professions libérales.

Le bail professionnel et le bail commercial offrent au propriétaire une certaine sérénité car il sait qu'il va pouvoir louer son bien pendant au moins 3 ans pour le bail commercial et 6 ans pour le bail professionnel, ce qui limite les vacances locatives. Toutefois, lors d'un changement de locataire, la vacance est plus grande que pour les caves, parkings et garages même si cela peut aller relativement vite selon la tension de votre marché. Lorsque le bail professionnel se termine, il n'y a pas de droit au renouvellement contrairement au bail commercial. Cela permet au propriétaire de ne pas payer d'indemnité d'éviction s'il souhaite récupérer son bien ou changer de locataire. L'indemnité d'éviction est une compensation financière payée par le propriétaire au locataire s'il souhaite résilier son bail. Dans un bail commercial, les travaux à votre charge peuvent être plus importants si vous ne les négociez pas et le locataire peut revendre le bail ainsi que son fonds de commerce à quelqu'un d'autre. Vous pouvez avoir un droit d'agrément sur la cession du droit au bail et une clause spécifique doit être inscrite dans le contrat. Que ce soit un bail professionnel ou un bail commercial, je vous conseille de vous faire accompagner par un professionnel du droit car les enjeux financiers peuvent être considérables. Le notaire peut également vous accompagner en rédigeant un bail notarié qui a un caractère exécutoire.

Si vous en avez la possibilité, optez pour ce type de bail car il vous protégera plus. Choisissez un notaire étant accoutumé à la rédaction de ces baux pour les entreprises. La force exécutoire signifie qu'en cas de problème, le bail est un acte authentique et peut être utilisé sans avoir recours à la justice. En cas d'impayés, vous pouvez directement saisir un commissaire de justice et demander le recouvrement des loyers sans passer par un juge. La procédure est donc plus rapide et efficace que si vous deviez suivre la procédure classique en envoyant des courriers, attendre de faire appel à un huissier et ensuite passer devant le juge pour faire valoir vos droits conformément à votre bail. Cela garantit le respect et la protection des droits, des obligations et des lois. Vous avez donc une sécurité juridique supplémentaire et votre bail est également enregistré chez l'étude notariale. Vous serez donc serein même si vous perdez votre bail un jour. Toutefois, le bail notarié a un coût. Selon l'importance que cela représente pour vous, vous pouvez soit le prendre en charge totalement, soit avec votre locataire soit le mettre totalement à la charge de votre locataire si votre bien est placé dans un emplacement très demandé.

Dans certains cas, le locataire pourra vous demander de faire un bail dérogatoire d'un an renouvelable dans la limite de 3 ans. Cela pourra permettre au locataire de tester son activité et à vous, bailleur, de mieux connaître votre locataire et son activité. Vous pourrez récupérer votre bien sans indemnité d'éviction si le locataire ne vous convient pas et lui pourra partir si son activité ne fonctionne pas. Vous pourrez ensuite partir sur un bail commercial. Vous n'êtes pas obligé d'accepter et pouvez choisir une entreprise stable et rentable déjà en activité depuis un moment en regardant ses bilans. Cela va dépendre de la demande et de votre stratégie. Dans tous les cas, faites-vous accompagner par un professionnel du droit. Enfin, il faudra que vous envoyiez à vos locataires une quittance de loyer mensuelle s'ils vous le demandent. Vous trouverez plusieurs modèles modifiables sur internet.

# COMMENT SE FAIRE PAYER SON LOYER ?

Le paiement de votre loyer doit être fluide mensuellement et, dans la mesure du possible, automatique. C'est la raison pour laquelle je vous déconseille vivement les chèques. Il est aujourd'hui très facile de donner un chèque sans provision. Même s'il est historiquement appelé chèque de caution, je vous suggère de réclamer ce dépôt de garantie en espèces. Précisez bien que ce montant sera restitué lors du départ du locataire. Vous pouvez également le demander par virement bancaire où il restera sur un compte dédié. Toutefois, je ne parle que du dépôt de garantie et je vous déconseille de vous faire payer vos loyers en espèces.

Il se peut qu'il y ait des faux billets qui circulent intentionnellement ou non et il sera difficile pour vous de les vérifier. Apporter une machine pour vérifier paraît compliqué, mais vous pouvez vous procurer un stylo-feutre pour détecter les faux billets si vous voulez avoir l'esprit tranquille et accepter les espèces. Par ailleurs, je recommande deux options selon votre statut. Si vous avez une société, optez pour le prélèvement automatique. Cela vous permet de prélever votre loyer chaque mois à une date convenue. Vous aurez besoin de son RIB. Si vous êtes en nom propre, vous pouvez demander au locataire de mettre en place un virement permanent qui partira automatiquement chaque mois. Vous devrez à ce moment-là lui donner votre RIB. Vous pouvez récupérer des charges auprès de votre locataire chaque année en consultant vos appels de fonds en fin d'année les charges récupérables. Vous pouvez aussi récupérer la taxe sur les ordures ménagères. Dans ce cas, vous devrez demander une provision sur charge mensuelle et l'ajuster en fin d'année. Pour ma part, j'utilise la deuxième option qui est le forfait et je trouve que cela est plus simple. Je propose donc un loyer charges comprises incluant les charges et les taxes et je ne réclame rien au locataire chaque année.

# FIDÉLISER SES LOCATAIRES ET RÉDUIRE SES VACANCES LOCATIVES

Il est évident que fidéliser vos locataires va vous permettre de réduire les vacances locatives et, par conséquent, d'augmenter votre rentabilité. La rentabilité se calcule annuellement et il est facile de comprendre que si vous louez 10 mois sur 12, cela va impacter négativement votre rentabilité. Vous comprendrez donc l'intérêt de fidéliser vos locataires. D'ailleurs, cela aura un impact positif autant sur vous que sur vos locataires. Comme je vous l'ai dit à plusieurs reprises, vous devez toujours mettre sincèrement l'aspect humain au centre de vos interactions et ce, que ce soit dans le cadre professionnel, social ou familial. De ce fait, vous devez tout mettre en œuvre pour avoir la meilleure considération possible pour vos locataires et mettre en place des choses pour qu'ils le ressentent.

Une petite anecdote concernant un de mes locataires. J'avais un garage qu'il voulait me louer. Cela lui convenait très bien. Pour récupérer les clés, j'avais peu de disponibilités car cela tombait à une période où j'étais très occupé. Cependant, je lui ai proposé de venir les récupérer chez moi s'il le souhaitait et s'il voulait les avoir rapidement. Il a accepté et il est ensuite venu les récupérer. Pour lui, c'était un moyen de les avoir le plus tôt possible malgré son déplacement et pour moi c'était un moyen de lui remettre malgré mon emploi du temps chargé à cette période. En sachant qu'il allait venir, je lui ai proposé s'il voulait boire un café. Il a accepté et je l'ai préparé dès qu'il était là de façon à ce qu'il soit bien chaud. Cela lui a fait plaisir. C'est une petite attention mais j'ai commencé à consolider une relation bienveillante et n'oubliez pas que les premières impressions sont capitales. Vous pouvez offrir la boisson que vous avez chez vous en la proposant mais cela peut aussi être un petit cadeau comme un porte-clés décoré par exemple.

Avoir une excellente relation avec ses locataires est essentiel pour vous construire des revenus solides, pérennes et qui soient le plus passifs possibles. Si les locataires restent longtemps et qu'ils sont fiables, cela va vous éviter des turnovers et de perdre du temps pour trouver quelqu'un d'autre, faire de nouvelles visites et mettre de nouveau en place tout le processus de location. Pendant tout ce temps que vous aurez sauvegardé, vous pourrez, une fois le capital réuni, chercher un nouveau bien rentable et réitérer l'opération. Le temps joue en votre faveur et plus vous allez investir tôt, plus vous allez générer des compléments de revenus tôt et, par conséquent, vous pourrez avoir plus rapidement un nouveau capital pour réinvestir et recommencer l'opération.

Au fil du temps, votre complément de revenus va augmenter et vous allez pouvoir épargner plus facilement. C'est ensuite un effet boule de neige. N'attendez donc pas l'affaire parfaite mais agissez dès que vous avez le capital. Cherchez la meilleure affaire possible mais s'il y a des affaires moyennes, sélectionnez-en 3 et essayez de négocier chacune d'elles et passez à l'action. Investir rapidement sur une affaire moyenne est préférable à attendre très longtemps pour une excellente affaire. En effet, pendant tout le temps où vous auriez attendu, vous générez, de l'autre côté, un complément de revenus. Vous pouvez même à terme revendre avec une plus-value. En outre, lorsque vous attendez, vous êtes dans l'incertitude car vous pouvez attendre une bonne affaire pendant un long moment et quand bien même une occasion se présentait, il faudrait que vous soyez le premier sur cette opportunité. Mon conseil est de passer à l'action rapidement.

Rappelez-vous : « N'attendez pas la perfection au risque de ne jamais passer à l'action ». Ainsi, la relation avec votre locataire va avoir un impact sur les vacances locatives et sur la passivité de votre business. Bien entendu, le locataire peut toujours partir parce qu'il n'a plus besoin du bien ou parce qu'il déménage mais l'idée est de mettre tout en place pour qu'il reste. Lors de vos échanges, tâchez d'être toujours poli, respectueux et professionnel. Au début, je ne vous préconise pas de prendre le risque de créer une relation amicale. Plus vous avancerez et plus vous pourrez prendre des risques et tenter une amitié avec un locataire qui aura au préalable fait ses preuves depuis un moment si vous sentez que c'est sincère. Toutefois, il faut que cette amitié s'installe naturellement sinon cela n'a aucun réel intérêt.

Un bon locataire peut vous être utile pour des petites tâches que vous ne pouvez pas faire à un instant donné. Me concernant, j'avais naturellement sympathisé avec un locataire et il me posait des questions sur l'investissement dans les garages. Je lui répondais volontiers. Un jour, j'ai décidé de vendre son garage et je lui ai demandé s'il pouvait faire une visite pour moi car je savais qu'il habitait à côté. Il accepta de le faire. J'ai par la suite fait moi-même d'autres visites et vendu le garage loué car je savais que le locataire voulait rester. Il m'a cependant dit que si j'avais un autre garage, il serait prêt à me le louer car il en voulait un plus grand ce qui est très gratifiant pour moi. Vous voyez, soyez authentique, professionnel et respectueux et vous pourrez avoir des répercussions positives insoupçonnées sur votre business.

Cependant, lorsque vous donnez sincèrement, ne vous attendez pas à recevoir en retour. Parlez avec votre locataire afin de comprendre son projet et accompagnez-le dans celui-ci si vos compétences vous le permettent. Montrez-lui votre sérieux et votre professionnalisme. Soyez organisé lorsque vous demandez les documents nécessaires à la location, rangez-les correctement et envoyez vos quittances sans retard. De la même façon, si vous changez de coordonnées, prévenez votre locataire. Il en fera certainement de même. En définitive, soyez exemplaire et inspirez confiance à votre locataire afin de récolter les fruits de votre travail.

# PRODUITS ET SERVICES COMPLÉMENTAIRES

Lorsque vous avez tout mis en place pour optimiser vos locations, vous pouvez encore récolter des revenus avec ce que l'on appelle des ventes de produits ou services complémentaires. Il s'agit de proposer des produits ou services annexes qui pourraient avoir un lien avec votre location et qui présenteraient un intérêt pour votre locataire. Avant tout, écoutez attentivement votre locataire afin de cibler avec précision ses besoins. Il se pourrait en effet que ce dernier ait besoin d'un box au lieu d'une place de parking ou d'un garage beaucoup plus grand voire d'un deuxième.

Les déménagements sont une excellente niche. D'ailleurs, le site Leboncoin a ajouté une rubrique dédiée au déménagement. Cela prouve qu'il y a une réelle demande. Autour du déménagement, vous pouvez vendre des cartons, du scotch, des diables, des chariots, des sangles ou encore des couvertures de déménagement. Pensez à louer des camions avec le matériel qui va avec pour proposer un kit déménagement. Vous pouvez le faire sur des sites comme Getaround ou Turo sur lesquels vous pouvez le faire en tant que particulier. Si vous souhaitez vous professionnaliser dans ce domaine, vous pouvez constituer une SASU.

Par ailleurs, si vous avez le temps et des amis intéressés, vous pouvez vous-même monter une équipe de déménageurs et proposer vos services. Il y a certaines personnes qui habitent chez de la famille ou des amis le temps de trouver un appartement. Profitez-en pour nouer des partenariats avec des agences immobilières proposant des appartements en location. Faites vous-même le tri avant afin de proposer uniquement des locataires solvables. Mettez en avant cet argument et dites-leur que vous allez faire le travail à leur place et leur faire gagner du temps.

De ce fait, vous pourrez justifier la demande d'une petite commission au passage ou négocier directement avec votre locataire en lui disant que vous avez un appartement à lui proposer avec un prix incluant votre commission. Lorsque vous louez un parking ou un garage, vous allez avoir beaucoup de véhicules. Ces véhicules ont de la valeur aux yeux des gens car ils ont fait la démarche de louer un emplacement privé pour cela. C'est à ce moment-là que vous pouvez intervenir en proposant un éventail de services autour de l'automobile. Le statut d'auto-entrepreneur peut être intéressant lorsque vous proposez uniquement des services. En effet, en auto-entreprise, vous êtes taxé sur le chiffre d'affaires et non pas sur le bénéfice, ce qui rend inintéressant ce statut lorsque vous faites de l'achat revente, sauf pour débuter votre activité.

Les services non exhaustifs que vous pouvez proposer sont les services de nettoyage, d'entretien, de polissage ou encore d'accessoires pour automobile. En partenariat, vous pouvez proposer des changements de pneus, de pare-brise, de l'habillage automobile ou la reprise de véhicules en travaillant avec un garage automobile. À titre personnel, vous pouvez faire de l'achat revente de voitures à condition d'être accompagné d'un mécanicien chevronné pour éviter de vous faire arnaquer. Vous pourrez acheter chez des particuliers que vous trouverez sur Leboncoin, aux enchères ou encore acheter des lots de plusieurs véhicules chez des concessionnaires par la suite car cela nécessite aussi un capital.

Toutefois, ayez à l'esprit que ces produits et services complémentaires vont vous prendre du temps et que vous devrez peut-être diminuer votre temps de travail pour passer à 70% par exemple, gagner en liberté, travailler comme vous le souhaitez et décupler vos revenus. Plus vous gagnerez d'argent en indépendant, plus vous pourrez diminuer votre temps de travail salarié.

# GÉRER LES IMPAYÉS ET IMPRÉVUS

Vous avez dorénavant loué votre bien et vous vous demandez certainement que faire en cas d'impayés. Les impayés sont la peur numéro 1 des bailleurs, ce qui est compréhensible car vous investissez pour percevoir un loyer en échange de la location de votre bien. Si le locataire profite de votre bien sans respecter ses engagements contractuels, il est normal de ne pas être satisfait et de chercher à trouver une solution pour y remédier.

Dans un premier temps, gardez votre sang-froid et ayez un bon soupçon envers votre locataire. Je sais que parfois les émotions peuvent prendre le dessus mais cette étape est indispensable pour avoir une bonne base. Votre locataire a probablement de bonnes raisons. Quelques fois, il s'agit juste d'un bug bancaire. Envoyez un SMS pour savoir si, du côté du locataire, le virement a bien été effectué. Dans la plupart des cas, cela suffit notamment si vous avez fait un tri sélectif rigoureux dans le choix de vos locataires. Si vous n'avez pas de réponse, relancez une deuxième fois deux jours plus tard. Si vous n'avez toujours pas de réponse, essayez d'appeler. Tentez aussi sur WhatsApp car si la personne est à l'étranger pour un séjour personnel ou professionnel, elle sera joignable sur WhatsApp dans la plupart des cas ou par email. Si vous avez des nouvelles de la personne, soyez empathique afin de comprendre sa situation en premier lieu puis la raison de son impayé. Il se peut que la personne soit temporairement dans la difficulté. Laissez un délai si la personne est sérieuse et a toujours payé dans les délais. Elle vous paiera certainement sans problèmes dès que possible. Dans un cas exceptionnel, il est facile de deviner que ce n'est pas volontaire. Un retard répétitif est plus préoccupant car cela peut se transformer en impayés.

Un retard de 3 jours peut paraître anodin mais s'il se répète, il peut se transformer en 10 jours puis 20 jours, transformant ainsi ce retard en impayés. Le locataire se sera alors habitué aux retards et cela ne sera pas si grave pour lui. Je vous suggère de ne pas laisser passer le moindre retard et après 3 jours de retard, qui est le délai maximum d'un virement sans compter les dimanches et jours fériés, relancer le locataire. Dans cette optique, demandez les paiements en début de mois pour avoir de l'avance en cas de retard ou d'impayés. Votre dépôt de garantie est également précieux car il vous permettra de pouvoir agir pendant un mois sans perdre d'argent. Il est généralement d'un mois pour les caves, parkings et boxes et de minimum 2 mois pour les locaux commerciaux et d'activités. La personne peut être de bonne foi et vous pouvez proposer une alternative au paiement du loyer.

C'est exactement ce que j'ai fait avec un de mes locataires. Après des retards répétés, j'ai compris qu'il était dans la difficulté. J'ai toujours gardé un échange cordial avec lui. Il avait accumulé une dette d'environ 200 euros. Je savais qu'il était dans le domaine automobile et j'avais besoin d'une courroie de distribution pour mon véhicule. C'est là que j'ai eu l'idée de lui proposer d'effacer sa dette contre l'achat de cette pièce. De son côté, cela lui permettrait peut-être d'avoir des tarifs avantageux et de mon côté, c'est une somme que j'allais devoir sortir de toute façon. Ainsi, tout le monde a été gagnant et nous sommes repartis à zéro.

Aussi, pensez au deuxième numéro à contacter en cas d'urgence, cette personne pourrait vous aider. Allez à l'adresse du locataire à une heure où vous pensez qu'il soit présent afin de mieux comprendre sa situation et mettre en place une solution. Sans solution, résiliez le bail civil de plein droit conformément à votre clause résolutoire. Si c'est un bail commercial, la procédure se fait avec un huissier. Dans le cas d'un garage, ce dernier est parfois vide. N'hésitez pas à récupérer vos clés et le relouer rapidement à un bon locataire sans perdre votre temps avec un mauvais. Gardez toujours un double pour pouvoir y avoir accès en cas de difficultés.

# L'ARBITRAGE COMME CATALYSEUR

Ne vous inquiétez pas, ici nous n'allons pas faire de vous un des futurs arbitres officiels de la prochaine coupe du monde de football. Mais alors, qu'est-ce que l'arbitrage ? Il s'agit de faire un bilan de son portefeuille d'investissement et de revendre les biens les moins rentables pour en racheter des plus intéressants. Cette stratégie ne s'adresse qu'aux personnes avancées car, pour la mettre en application, vous devrez obligatoirement être détenteur de plusieurs biens immobiliers. L'objectif est d'améliorer la performance globale de vos investissements en dénichant des opportunités lucratives. Plus précisément, profitez de la revente d'un de vos biens les moins rentables à vos yeux pour générer une plus-value intéressante et accélérer votre aventure dans l'investissement immobilier. L'avantage est que les petits biens sont très liquides et se vendent facilement.

Lorsque vous vendez un bien en dessous de 15 000 euros, vous êtes totalement exonéré d'impôts sur la plus-value. Par exemple, si vous avez acheté une place de parking à 5 000 euros frais de notaire inclus et que vous la vendez à 7 000 euros, vous gagnez 2 000 euros. Cependant, vous n'allez pas empocher exactement 2 000 euros car vous aurez un état daté à payer au syndic qui est un document rédigé par le syndic informant le futur acquéreur des charges qu'il devra payer. Si vous achetez en indivision, le seuil de 15 000 euros se calcule selon la quote-part de chacun. C'est également un moyen de se débarrasser d'un mauvais locataire en vendant le bien légèrement en dessous du prix du marché surtout si vous faites une plus-value à la revente. Lorsque vous allez racheter un bien, veillez à analyser la solvabilité du locataire si le bien est vendu loué. N'hésitez pas à demander des justificatifs de paiement. Vous pourrez par la suite résilier le bail si cela ne vous convient pas. Vous comprenez maintenant la puissance de l'arbitrage immobilier.

Néanmoins, ne soyez pas tenté de réitérer trop souvent ce type d'opération. Vous pourriez en effet être requalifié de marchand de biens avec toutes les conséquences que cela implique. Le statut de marchand de biens est un statut professionnel vous permettant d'acheter et de revendre des biens immobiliers. Si vous le faites sans adopter ce statut, l'administration fiscale peut estimer que vous pratiquez une activité commerciale déguisée et vous faire payer des indemnités. Les textes ne sont pas assez explicites mais deux critères sont à prendre en compte afin de pouvoir vous requalifier de marchand de biens. Le premier est l'intention spéculative au moment de l'achat. Le deuxième est le caractère habituel.

Pour vous protéger, ayez des arguments pour ces deux cas de figure. Concernant l'intention spéculative au moment de l'achat, gardez toutes les preuves montrant que votre réel projet est de faire de la location et non de l'achat-revente. Prenez en photo vos annonces de location, gardez vos contrats de location et les coordonnées de vos anciens locataires qui pourront témoigner en votre faveur. Si vous avez construit une relation de confiance avec votre locataire, ils témoigneront en votre faveur. J'insiste encore une fois sur l'importance d'être bon envers tous les interlocuteurs car, tôt ou tard, cela jouera en votre faveur. Pour ce qui est du caractère habituel, il suffit simplement de ne pas vendre chaque année et de réaliser 2 ou 3 ventes maximum en les espaçant suffisamment.

Enfin, vous pourrez toujours prouver votre bonne foi à l'administration fiscale en construisant un dialogue constructif avec les éléments demandés. Les conséquences peuvent s'avérer très coûteuses sur le plan fiscal car vous serez assujettis à une TVA pouvant aller jusqu'à 20% sur votre marge, votre plus-value relèvera des bénéfices industriels et commerciaux avec un taux d'impôt pouvant aller jusqu'à 41%. En tant que particulier, vous ne payez que 19% auquel vous ajoutez des prélèvements sociaux de 17,2% amenant le montant total à 36,2%. Soyez vigilant et organisez votre plan d'action avec précaution. En parlant de TVA, vous pouvez en être redevable. Plus précisément, si vous louez des emplacements de stationnement, parkings ou garages, et que vos loyers annuels dépassent le plafond de 36800€ hors taxes, vous devrez vous en acquitter. Si vous êtes dans cette situation, je vous recommande de constituer une société en passant par un expert-comptable. Il y a une tolérance si vous ne dépassez pas 39100€ et que l'année précédente, vous n'aviez pas dépassé 36800€. Sachez que ce plafond est revalorisé tous les un ou deux ans.

# L'IMPORTANCE DE LA DIVERSIFICATION

Quand vous allez commencer à acheter vos premiers biens, vous allez diversifier vos investissements sans vous en rendre compte. En effet, un des avantages considérables de ce type d'investissement par rapport à l'investissement locatif classique dans de l'habitation est, pour la même somme investie, une diversification importante de vos biens immobiliers. Admettons que vous pouvez acheter un studio à 70 000 euros dans votre ville, vous pourrez, avec la même somme, investir dans une multitude de caves, parkings et garages. La diversification multipliera le nombre de locataires que vous aurez et diminuera le risque. Du moins, si vous avez un impayé sur 10 garages, vous avez encore 9 autres sources de revenus qui rentrent dans votre compte en banque.

Concernant le studio, si vous avez un impayé, vous n'avez plus aucune rentrée d'argent. Je vous laisse imaginer votre état psychologique si vous avez fait un crédit bancaire et que vous devez rembourser votre banque avec un occupant sans droit ni titre qui s'installe dans votre appartement plus communément connu sous le nom de squatteur. Même si vous mettez en place un certain nombre d'assurances qui vont venir diminuer votre rentabilité telle que la garantie loyers impayés, vous aurez toujours ce stress permanent d'avoir un bien immobilier profitant à quelqu'un et ne vous rapportant aucun revenu. Vous saurez que la banque peut vous saisir votre bien immobilier par l'intermédiaire d'un commissaire de justice afin de le mettre en vente aux enchères pour rembourser votre dette. Avec plusieurs biens qui vous appartiennent réellement et avec plusieurs locataires, un impayé sur dix ne sera qu'un petit problème à gérer et anecdotique. Si vos garages sont loués 100 euros mensuels, vous aurez 900 euros ce qui reste une somme très proche des 1 000 euros.

Vous l'aurez compris, avoir plusieurs locataires vous apportera une certaine sérénité. Il ne faut pas négliger sa santé mentale à l'instar des salariés réalisant des burn-outs car ils ne supportent plus leur travail, son environnement ou leurs collègues. Combien de personnes n'aiment pas forcément leur travail et y vont quand même pour subvenir à leurs besoins ? L'idée n'est pas d'investir pour se retrouver dans une sorte de burn-out de l'investisseur immobilier. En achetant plusieurs biens, vous diversifiez également les secteurs géographiques. Imaginez qu'il y ait une inondation dans une des villes dans laquelle vous avez investi mais pas dans l'autre. Vous aurez sauvegardé une partie de votre patrimoine et continuerez à percevoir vos loyers. Ces loyers vous permettront d'avoir une source de revenus pour financer des travaux de remise en état et repartir de plus belle.

Pour ma part, je ne prends pas d'assurance et je préfère garder l'argent tous les mois sous forme d'épargne de précaution. Par ailleurs, sachez que lorsque vous êtes en copropriété, ce qui sera majoritairement le cas, vous êtes couverts par l'assurance de la copropriété ce qui vous permet d'être assuré sans avoir pris d'assurance. N'oubliez pas que vous payez des charges de copropriété. En parlant de charges, si dans une des copropriétés dans laquelle vous avez des biens, les charges augmentent ponctuellement pour cause de gros travaux, ce n'est pas tout votre parc immobilier qui sera impacté. Le raisonnement est le même en cas d'augmentation de la taxe foncière. La diversification ne s'arrête pas là car, en investissant dans plusieurs biens, vous pouvez varier la nature de vos biens. Vous pouvez avoir à la fois des caves, des parkings et des garages. Il se peut qu'il y ait un changement de lois sur un de vos biens et cela ne va pas tous les impacter. Vous pouvez détenir vos biens en nom propre et en société. En cas de changement sur l'un des statuts ou de sa fiscalité, vous préserverez les biens détenus avec l'autre statut. Le revers de la médaille étant qu'en ayant plus de locataires, vous aurez plus de gestion.

Généralement les personnes restent un petit moment et les impayés sont peu fréquents compte tenu de la somme à sortir chaque mois. Il est plus facile de devoir payer 60 euros pour une cave ou une place de parking que 520 euros pour un studio. Ce ne sont que des exemples de loyers car cela va dépendre de votre secteur géographique. Tous vos biens ne seront pas tous obligatoirement en copropriété ce qui vous protégera en cas de charges exceptionnelles. Gardez toutefois à l'esprit qu'en cas de travaux hors copropriété, l'intégralité sera à votre charge.

Un jour, j'étais en vacances et je souhaitais investir en même temps. Je me rends compte que j'ai également trouvé mon premier investissement immobilier pendant les vacances. Il y a moins de concurrence pendant cette période car les gens en profitent pour aller passer des vacances avec leur famille ce qui est normal. J'avais trouvé un ensemble de 4 garages et 4 remises que j'ai réussi à acquérir pour 59 000 euros dans une ville du Val d'Oise. La particularité de cet investissement est que c'est un syndic bénévole dans la copropriété et que les garages et remises sont indépendantes. Ainsi, je ne paye pas de charges. De cette façon, j'assume l'intégralité des frais et je bénéficie de la présence physique des habitants pour surveiller mes biens.

Je suis ainsi averti si un locataire ne respecte pas le règlement et cela ajoute une sécurité supplémentaire. C'est un très bon compromis. Par ailleurs, si vous achetez un ensemble de garages hors copropriété, vous avez également la valeur du terrain qui est prise en compte. En cas de revente, si votre terrain est constructible, vous pouvez vous tourner vers un promoteur immobilier qui vous proposera une somme très intéressante si cela correspond à son projet. Lorsque vous achetez, ce ne sont pas tous les vendeurs qui se rendent compte de la valeur de leur terrain. Si vous vous en rendez compte, vous aurez certainement une plus-value latente lors de la revente. Toutefois, vous devrez avoir un capital pour réaliser ce type d'opération.

# CONSEILS À NE PAS NÉGLIGER

J'aimerais vous donner quelques conseils personnels sur la façon d'aborder vos investissements immobiliers. En effet, il ne faut pas que cela devienne une fin en soi. Je m'explique : l'objectif d'être rentier doit être une étape pour atteindre vos objectifs de vie. Listez ce qui est important pour vous et déterminez quelle somme est nécessaire pour y parvenir sereinement. La définition de rentier est subjective. Pour certaines personnes, 1000 euros suffiront car elles veulent absolument garder leur emploi qui les passionne et être confortables. Pour d'autres, il faudra au moins 3000 euros car elles veulent un train de vie très agréable sans travailler. Sachez également que si vous parvenez à générer un SMIC avec vos revenus locatifs, vous serez plus libre mais n'aurez probablement pas toutes les aides sociales.

Je ne vous recommande pas de rester au SMIC pour bénéficier des aides sociales car c'est selon moi une prison dorée. Vous dépendez de l'État et le moindre changement au niveau des aides ou des conditions d'attribution peut vous impacter. Vous n'avez pas non plus la fierté de vivre indépendamment sans demander quoi que ce soit à l'État. Cependant, vous devez aimer le chemin qui vous permet d'atteindre votre objectif. Mettez tout en œuvre pour le rendre aussi agréable et amusant que possible. Si vous avez l'impression de vous amuser à trouver de bonnes affaires, à négocier, à trouver de bons locataires et à réitérer l'opération, vous n'aurez pas l'impression de travailler.

Ce sont de petits efforts réguliers qui vous permettront d'obtenir des résultats. Commencez petit mais voyez grand. Un autre point qu'il me semble important de souligner est de ne pas négliger votre santé. En effet, imaginez-vous rentier dans 10 ans avec des problèmes de santé car vous l'aurez sacrifiée pour atteindre votre but. À quoi vous serviront vos rentes si ce n'est à payer vos soins ?

Pour ce faire, je vous recommande de veiller à avoir une alimentation saine et équilibrée. En revanche, je vous recommande d'éviter au maximum les produits transformés et de cuisiner autant que possible chez vous. Si vous devez acheter des produits transformés, utilisez l'application Yuka qui vous donnera des indications sur le produit et regardez également les ingrédients afin de choisir les produits qui contiennent le moins de produits chimiques. Achetez donc un maximum de produits bruts tels que les fruits, les légumes, l'eau, les noix, les œufs, le poisson, la viande blanche, la viande rouge un peu moins, les condiments et les épices.

Pour une meilleure santé, privilégiez les aliments à faible indice glycémique pour contrôler votre glycémie. Pratiquez régulièrement une activité physique que vous appréciez. Assurez-vous de dormir suffisamment chaque nuit, environ entre 7 et 9 heures selon votre âge, pour un sommeil réparateur. Des siestes courtes de 20 minutes entre 13h et 15h peuvent stimuler vos performances cognitives. Prenez des pauses et des vacances pour vous reposer et vous ressourcer tout au long de l'année.

Ne sacrifiez pas ce qui vous tient à cœur pour vos objectifs à court, moyen ou long terme et entourez-vous de personnes motivantes au sein de votre famille, de vos amis ou de vos connaissances. En revanche, ne vous laissez pas influencer par les personnes qui vous démotivent et gardez un bon état d'esprit. Il se peut que votre famille ou vos amis vous déconseillent de suivre cette voie mais c'est parfois seulement pour vous protéger. Soyez résilient, trouvez le bon équilibre entre votre vie professionnelle et votre vie privée. Soyez également bon envers vous-même et n'hésitez pas à vous offrir des plaisirs à chaque petite réussite. En somme, préservez votre temps et votre santé qui sont vos ressources les plus précieuses.

# CONCLUSION

En définitive, définissez clairement votre projet de vie afin de choisir la meilleure structure adaptée à celui-ci. Sélectionnez les meilleurs biens sur le marché, allez les visiter, négociez sur place, faites votre proposition et achetez vos premiers biens. Diffusez votre annonce de location à travers différents canaux de communication physiques et en ligne, puis faites un tri selon des critères stricts pour retenir le meilleur locataire possible. Soyez professionnel et loyal envers lui mais aussi envers tous les interlocuteurs avec qui vous allez être amené à interagir.

D'ailleurs, n'hésitez pas à consulter votre notaire, des agents immobiliers et des experts en droit immobilier avec qui vous collaborerez. Établissez une location efficace et durable, puis optimisez vos processus et revenus locatifs pour les rendre passifs et maximisés. Souvenez-vous, les petits pas mènent aux grandes réussites.

L'effet boule de neige vous aidera à générer des revenus exponentiels et plus linéaires, comme c'est le cas du salariat lorsque vous échangez votre temps contre de l'argent sans augmentation significative. L'inflation, elle, ne vous attend pas. Passez à l'action, personne ne le fera à votre place et n'oubliez pas qu'il vaut mieux faire une chose imparfaite plutôt que d'attendre la perfection pour agir, au risque de ne jamais rien faire. Appréciez le chemin vers vos objectifs financiers et ne vous limitez pas à ce livre. Restez informé via diverses sources telles que les blogs, YouTube, les formations et les livres, car une seule information peut vous enrichir. Prenez soin de votre temps et de votre santé, ce sont vos atouts. J'ai rédigé ce livre dans le but de vous aider avec mon expérience et mes connaissances. Maintenant, vous détenez toutes les clés, à vous de jouer !

# REMERCIEMENTS

*J'adresse ma gratitude à vous, les lecteurs de mon livre, qui avez pris le temps de lire toutes les pages de mon ouvrage.*

*Je tiens à exprimer toute ma reconnaissance envers toutes les personnes qui ont contribué à la conception de cet ouvrage qui me tenait à cœur, que ce soit directement ou indirectement. Je les remercie de m'avoir motivé, aidé et épaulé, tant les professionnels que mes connaissances.*

*Je souhaite remercier toutes les personnes de mon entourage, famille et amis, qui croient en moi et m'aident à devenir meilleur chaque jour par leurs paroles et leurs actes, et qui me poussent à me remettre constamment en question afin de progresser.*

*À toutes ces personnes, je tiens à témoigner mes sincères remerciements, mon respect et ma gratitude.*

www.ingramcontent.com/pod-product-compliance
Lightning Source LLC
Chambersburg PA
CBHW070306230526
45470CB00002B/740